Hawaii

Liebe Leserinnen und Leser,

1961 zementierte Elvis Presley mit seinem Film „Blue Hawaii" den Ruf des 50. US-amerikanischen Bundesstaats als Paradies, in dem für alle die Sonne scheint. Wir wollen Ihnen in dieser Ausgabe kein derart kitschiges Bild zeichnen. Denn besonders für die Einheimischen ist das Leben keineswegs sorgenfrei, wie Sie von Autorin Kristiana Kahakauwila erfahren (ab Seite 88). Auch Heftredakteur Florian Hanig, der mit seiner Familie sechs Monate auf Maui gewohnt hat (siehe Seite 36), haderte gelegentlich mit dem Hawaiian Way of Life. Und würde doch am liebsten sofort wieder hinfliegen: Nirgendwo sonst hat er eine so großartige und vielfältige Natur auf kleinstem Raum erlebt. In anderthalb Stunden konnte er von seinem Bungalow fünf Klimazonen erreichen, darunter dichten Regenwald, hochalpine Gipfel und Wüstengebiete. In diesem Sinn ist Hawaii eben doch ein Paradies – für Intensiv-Urlauber, Orchideen-Liebhaber, Wasserfall-Duscher. Und für Surfer natürlich sowieso. Gerade mal ein paar Sekunden widmet der Wetterbericht der Inseln den Temperaturen (zwischen 25 und 32 Grad das ganze Jahr über) sowie der Sonnenscheindauer (sieben bis neun Stunden täglich). Um dann minutenlang darauf einzugehen, welche Swells die Strände erreichen und wie hoch die Wellen werden. Bei mehreren Regenbogen am Tag und Sonnenuntergängen in den Farbkombinationen Pink-Orange-Blau-Rot sah Florian Hanig bald auch Hawaiihemden mit anderen Augen: Was einen auf deutschen Straßen zum Papagei macht, ist auf den Inseln Tarnkleidung.

Herzlich Ihre

Maike Kirsch

Heftredakteur Florian Hanig und seine Frau Anuradha Seth hatten in ihrem halben Jahr Hawaii oft Gelegenheit, sich Blumenketten umhängen zu lassen. Sie sammelten auch viele der Video- und Audio-Eindrücke vor Ort, die nun die digitale Ausgabe bereichern: geo-special.de/app

14 DIE INSELN DES GLÜCKS: Logenplätze am Pazifik bietet Hawaii wie Sand am Meer, auch und besonders auf O'ahu

70 LANDSCHAFT WIE VOR UNSERER ZEIT: Der Kalalau Trail

56 MEIN CHINATOWN! Wo Honolulu sich neu erfindet

Themen

DIE INSELN DES GLÜCKS 14
Sechs gute Gründe für Hawaii auf sechs Doppelseiten

NIE MEHR OHNE MEER 26
Von Menschen, die sich nass am glücklichsten fühlen

VON HAMBURG NACH HAWAII 36
Ein GEO-Redakteur macht samt Familie den Paradies-Praxistest

JAWS 48
Die Schöne und das Wellenbiest: Wie eine Frau das Surfen revolutioniert

MEIN CHINATOWN! 56
Der erbitterte Kampf um Honolulus spannendstes Viertel

STOFF DER ZUKUNFT 66
Totgesagt und auferstanden: Das Hawaiihemd erlebt ein Comeback

DURCH EINE LANDSCHAFT WIE VOR UNSERER ZEIT 70
Zwischen Abgrund und Wanderer-Himmel: Der Kalalau Trail auf Kaua'i

DIE DAUERBRENNER 80
Hawaiis Vulkane liefern immer neue Erkenntnisse über unsere Erde

SHAKA FÜR EINEN KRIEGER 88
Von einem Kellner, der zum nächsten Star der Inseln aufsteigen will

PAZIFISCHE PREZIOSEN 96
Kleine, die groß rauskommen: Eine Fotografin und ihre Liebe zu Wirbellosen

DIE SENDUNG MIT DEM HAI 104
Hai-Attacken häufen sich, nun filmen sich Mauis Raubfische gegenseitig

KALAS REISE ZU DEN STERNEN 108
Weltreise ohne Kompass: Das größte Abenteuer mit der »Hokule'a«

HULA LEBT 118
Über den Tanz, der so viel mehr als eine Touristenattraktion ist

Rubriken

Editorial 3
Kompass 6
Service
- **GEO Special**-Route 1 auf Big Island 124
- **GEO Special**-Route 2 auf O'ahu 128
- Erleben 134
- Schlafen 140
- Essen 142

Bildnachweis 133
Karte 144
Impressum, Vorschau 146
Interview 148

TITEL: HAWAII, COLIN ANDERSON
REDAKTIONSSCHLUSS: 12. SEPTEMBER 2014

96 PAZIFISCHE PREZIOSEN: Wirbellose in Szene gesetzt

118 HULA LEBT: Beim größten Tanzwettbewerb der Inseln

80 DIE DAUERBRENNER: Zu den Vulkanen auf Big Island

88 SHAKA FÜR EINEN KRIEGER: Vom Jungsein auf Hawaii

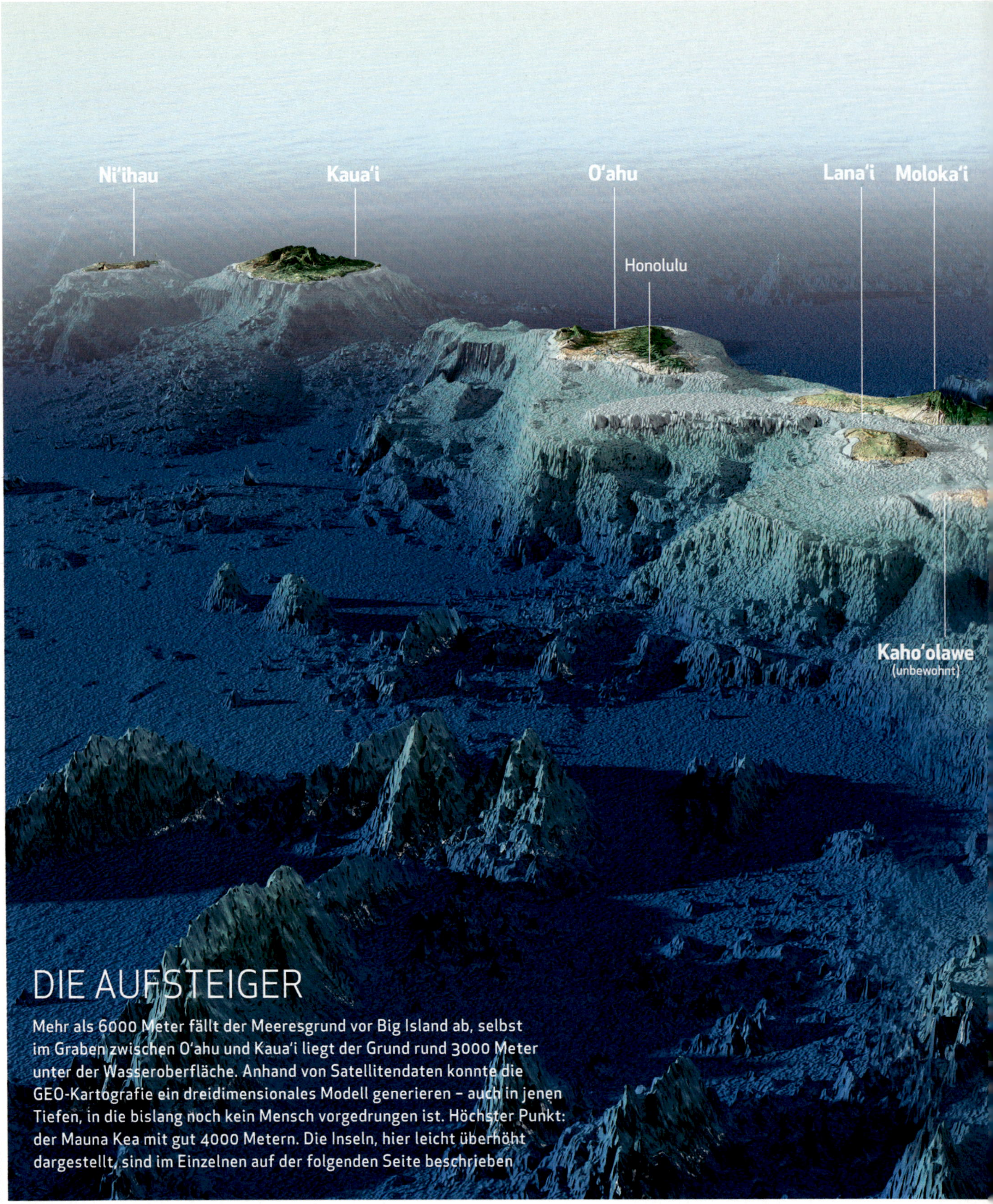

DIE AUFSTEIGER

Mehr als 6000 Meter fällt der Meeresgrund vor Big Island ab, selbst im Graben zwischen O'ahu und Kaua'i liegt der Grund rund 3000 Meter unter der Wasseroberfläche. Anhand von Satellitendaten konnte die GEO-Kartografie ein dreidimensionales Modell generieren – auch in jenen Tiefen, in die bislang noch kein Mensch vorgedrungen ist. Höchster Punkt: der Mauna Kea mit gut 4000 Metern. Die Inseln, hier leicht überhöht dargestellt, sind im Einzelnen auf der folgenden Seite beschrieben

Maui
Haleakala
Mauna Loa
Big Island
(Hawai'i)
Mauna Kea
Kilauea
Lo'ihi
(unterseeisch)
Quellen: www.soest.hawaii.edu, USGS

SECHS RICHTIGE

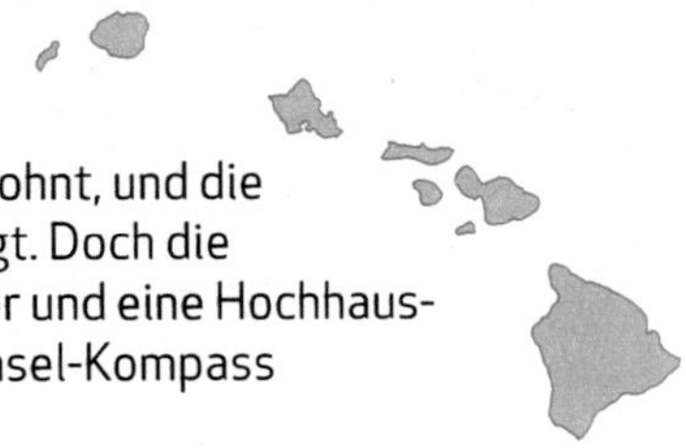

137 Inseln zählt der hawaiianische Archipel offiziell, doch nur sieben davon werden bewohnt, und die kleinste, Ni'ihau, befindet sich im Besitz einer Familie, die kein Interesse an Gästen zeigt. Doch die restlichen sechs bieten immer noch genug Abwechslung: Strände, Vulkane, Regenwälder und eine Hochhaus-Metropole. Ob Sie eher in Kaua'i oder Maui glücklich werden, das erfahren Sie hier im Insel-Kompass

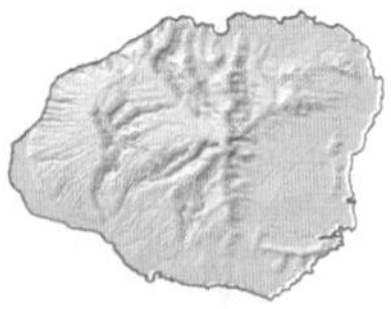

Kaua'i *Die Garten-Insel*

FLÄCHE 1431 km² **EINWOHNER** 66 900
Als 2007 ein Fährdienst nach Honolulu eingerichtet werden sollte, blockierten die Einwohner mit ihren Surfboards den Hafen. Sie wollten den Charakter der Insel bewahren: aus der Zeit gefallen, dörflich, ruhig. Und im Einklang mit einer großartigen, wilden Natur.

O'ahu *Die Metropole am Strand*

FLÄCHE 1548 km² **EINWOHNER** 953 000
Honolulu ist die Hochhaus-Hauptstadt Hawaiis. Mehr als die Hälfte aller Hawaiianer wohnt in der Region. Auch die meisten Touristen landen am künstlichen Strand von Waikiki – obwohl es an der Nordküste viel schönere gibt. Und die besten Spots zum Wellenreiten.

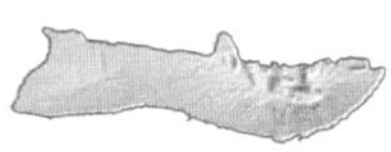

Moloka'i *Die schroffe Schönheit*

FLÄCHE 675 km² **EINWOHNER** 7300
Auf die Insel mit den höchsten Meeresklippen der Welt wurden früher die Leprakranken verbannt. Viele Tagestouristen wagen den abenteuerlichen Abstieg, um das Spital zu besichtigen, in dem Pater Damian de Veuster wirkte.

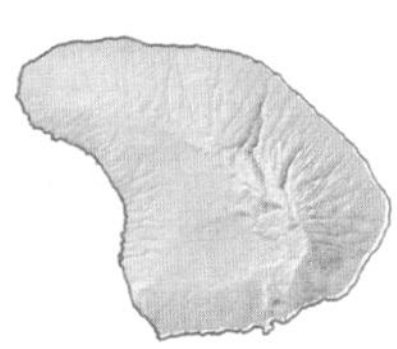

Lana'i *Das exklusive Resort*

FLÄCHE 365 km² **EINWOHNER** 3100
Wer seine Paparazzi abschütteln möchte, findet auf der einstigen Ananas-Plantagen-Insel zwei Luxushotels samt mehreren Golfplätzen – sowie reichlich Ruhe und Abgeschiedenheit. Lana'i kommt ohne eine einzige Ampel aus.

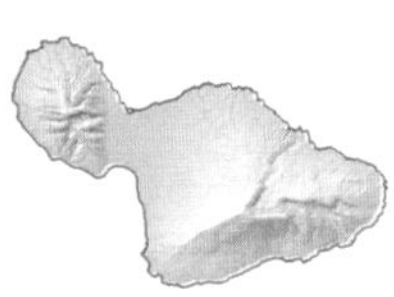

Maui *Das Surferparadies*

FLÄCHE 1999 km² **EINWOHNER** 144 000
Mehr als 80 Sandstrände, beständige Passatwinde und sauber laufende Wellen machen Maui zum Sehnsuchtsziel von Wind- und Kitesurfern in der ganzen Welt. Doch auch die Wasserfälle, Walsichtungen und der Vulkan Haleakala sind die Reise wert.

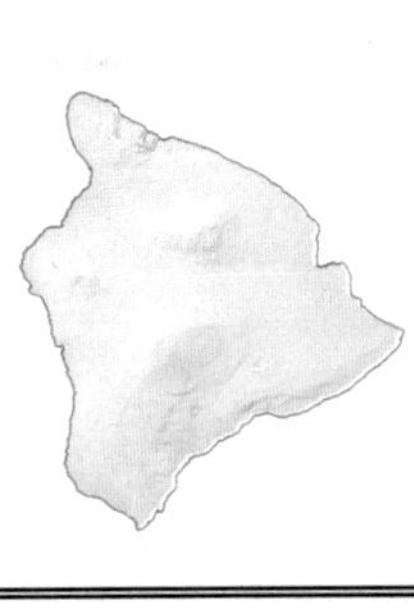

Big Island *Die Feurige*

FLÄCHE 10 433 km² **EINWOHNER** 185 000
Eine ganz besondere Energie pulsiert in diesem jüngsten Stück Erde, das zieht amerikanische Aussteiger wie hawaiianische Traditionalisten an. Statt lieblicher Strände findet man hier Lavageröll, schimmernde Glut, aber auch dichte Wälder.

Heben Sie sich nicht alles fürs nächste Leben auf.
Wie machen das nur andere, ihr Leben auszubalancieren? Oder ein paar Träume mit der Realität zu vereinen? Wie erreicht man mehr Selbstbestimmung im Alltag? Gute Fragen. Die ebenso guten Antworten lesen Sie im neuen stern-EXTRA. Jetzt im Handel oder bestellen unter stern.de/shop oder unter Tel. 040/5555 78 00.
stern
Was uns bewegt
Sehnsucht
Wie wollen wir leben? Was wollen wir ändern?
Freiheit
Wie wir unsere Spielräume im Alltag finden
Sabbatical
Einfach mal etwas anderes machen – ja, es geht
Test:
Wie zufrieden sind Sie?
EXTRA
Träume leben
... weil Arbeit nicht alles ist

FUNDSTÜCK

HULA GIRL

DAS HANDFLÄCHENGROSSE PLASTIKPÜPPCHEN ist natürlich reiner Kitsch. Zumeist barbusig, wackelt es, dank Sprungfeder im Hüftgelenk, auf dem Armaturenbrett. Für Eingeweihte aber ist ein Hula Girl Plastik gewordenes Hawaii-Feeling. Für sie wackelt die *dashboard doll* nicht, sie tanzt. Kurz: Ein Hula Girl im Auto vermag den Fahrer nach Hawaii zu beamen – für keine zehn Euro das Stück. Die Vorläufer der Wunderpuppe waren aus Ton, handbemalt lagen sie seit den 1920er Jahren in hawaiianischen Souvenirläden. In den 1950ern wurde die spätere „Madame Plastic" dann beweglich: die Sprungfeder perfekt unter dem Bastrock versteckt. Kaum ein Hawaii-Tourist verließ die Insel mehr ohne. Als dann kalifornische Wellenreiter in den 1970ern begannen, die *dashboard doll* massenhaft spazieren zu fahren, avancierte sie auch jenseits ihrer Ursprungsinseln zum Kultobjekt. Kein Wunder: Drückt man das Gaspedal, dreht sich das Püppchen um die eigene Achse, je nach Fahrstil leicht bis stürmisch. Bremst man, lässt die Frau aus der Ferne sich rasant nach hinten fallen, fährt man schnell an, verbeugt sie sich tief. Und mit jeder ihrer Bewegungen kommt Hawaii unweigerlich näher. Die Blumenkette um ihren Hals beginnt nach Hibiskus-, Jasmin- und Orchideenblüten zu duften, eine tropische Brise spielt mit ihren fest betonierten Locken – und selbst Motorröhren wird zum Meeresrauschen.

— In Deutschland gibt es die »Wackel Hula Mädchen Figur« bei Hang Loose, hangloose-shop.de; in Hawaii etwa bei Alice in Hulaland, 19 Bladwin Avenue, Maui, aliceinhulaland.com

GRÜNER GEHT NOCH

Beim Umweltschutz sind die Hawaiianer landesweit ganz vorn – helfende Hände sind dennoch immer willkommen

EINEN STRAND VON MÜLL BEFREIEN? Invasive Pflanzenarten im Regenwald rupfen? Wer sich in Hawaii beim Naturschutz engagiert, hat schnell Freunde und bekommt einen besonderen Einblick in das Leben vor Ort. Im Gegensatz zu den Bewohnern der restlichen 49 US-Bundesstaaten sind die meisten Hawaiianer äußerst umweltbewusst. Viele Gemeinden verbannen sogar Gentechnik per Gesetz aus der Landwirtschaft, weshalb ihnen Millionen-Klagen von Saatgut-Riesen drohen. Der beste Überblick über Möglichkeiten, Hawaii noch grüner zu machen: preservehawaii.org/volunteer.

Aloha-Reggae

Die Erben Bob Marleys musizieren nicht auf Jamaika, sondern in Hawaii

ZIGGY MARLEY singt über einen Strand – und der liegt in Hawaii. Während sich junge Musiker auf Jamaika an US-Gangsta-Rap orientieren, floriert der Soul-Reggae heute im Pazifik. Folgende CDs stimmen auf *island spirit* ein: „For Love" von Anuhea; „The Journey" und „Above the Bones" von Mishka; „Misery's End" von Paula Fuga (mit Gastauftritten von Jack Johnson und Ziggy Marley).

*'Olelo Hawai'i 'oe?**

Warum Hawaiis Sprache wieder im Kommen ist

*** SPRECHEN SIE HAWAIIANISCH?** Rund 8000 der 1,4 Millionen Einwohner können diese Frage mit „'ae" beantworten, Ja. Was sich wenig anhört, ist ein großer Erfolg. Anfang der 1970er Jahre waren es nämlich nur noch eine Handvoll Greise, die den polynesischen Dialekt beherrschten, der ein Jahrhundert lang praktisch verboten war. Erst 1978 wurde Hawaiianisch Amtssprache, 1984 öffnete die erste Grundschule, die nicht auf Englisch unterrichtete. Heute kann man in der Sprache sogar komplette Studiengänge absolvieren. GEO Special folgt in der Schreibweise dem einheimischen Alphabet, das Silben mit einem 'Okina, einer Art einfachem Abführungszeichen, trennt. Ausnahmen sind Namen, die eingedeutscht wurden, wie zum Beispiel Hawaii statt „Hawai'i".

ZAHLEN, BITTE!

»Sie ist die lieblichste Inselflotte, die jemals im Meer vor Anker ging.« Eine schönere Liebeserklärung an Hawaii als diese von Mark Twain lässt sich kaum finden. Illustrator Ole Häntzschel hat den Archipel ebenfalls auf den Punkt gebracht, genauer: auf Punkt und Strich – und erklärt etwa, weshalb auf Kaua'i nur Palmen in den meist wolkenlosen Himmel wachsen

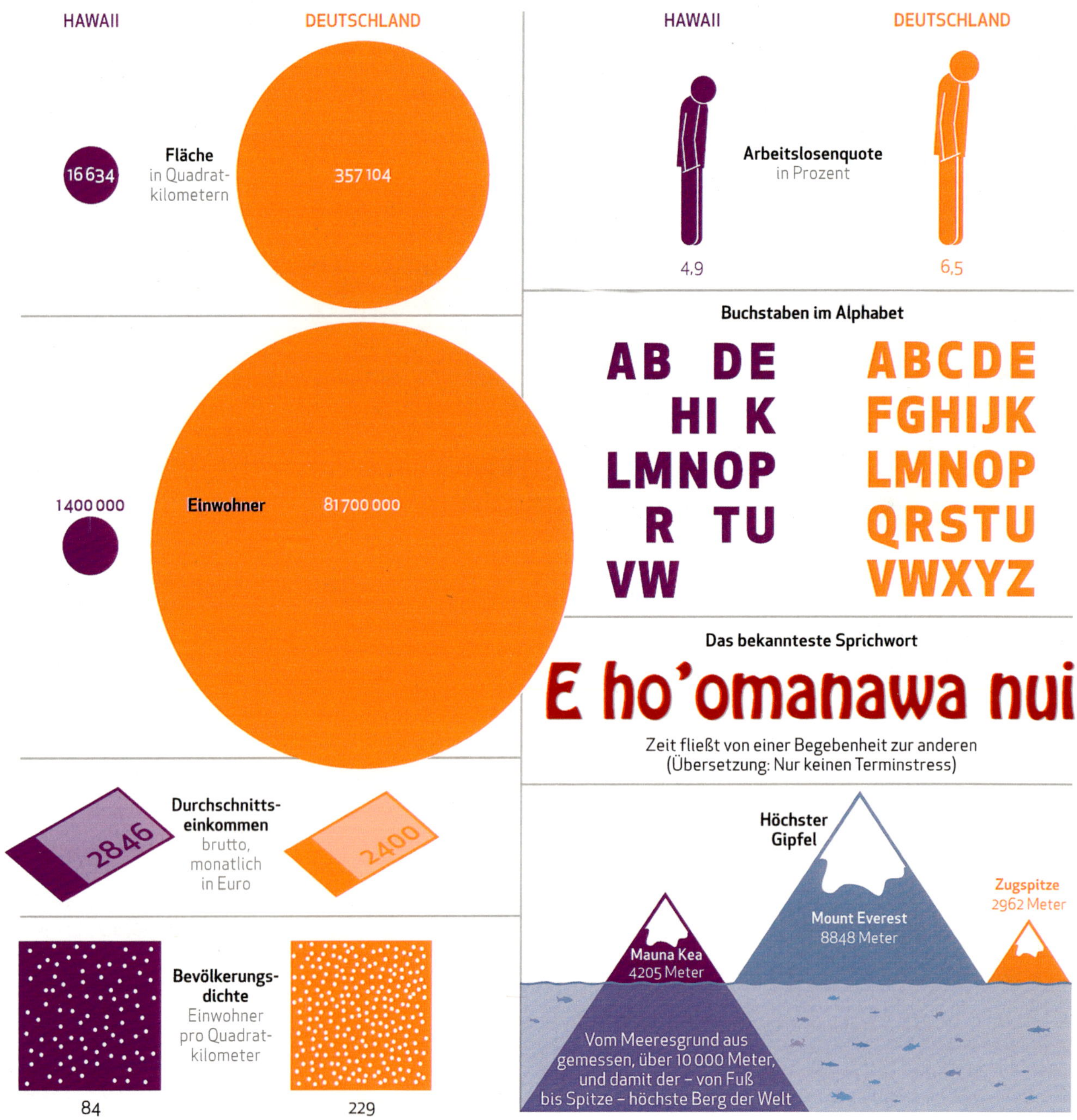

OLIVIA SOPHIA AVA

HAWAII

LIAM MASON NOAH

Die Top 3 der beliebtesten Vornamen

SOFIE MARIE SOFIA

DEUTSCHLAND

MAXIMILIAN PAUL ALEXANDER

Hawaiianer lieben »Spam«: gepökeltes Schweinefleisch aus der Dose. Sie vertilgen mehr als sechs Millionen Dosen pro Jahr

Auf Hawaii wachsen unzählige endemische Pflanzen. Eine der bekanntesten: *Haleakala silversword* auf Maui. Das »Silberschwert« blüht nur einmal, kurz bevor sein bis zu 50-jähriges Leben zu Ende ist

Honolulu ist die zweitteuerste Stadt der USA, nach dem Zentrum New Yorks

Hawai ist, geografisch gesehen, der isolierteste bevölkerte Ort der Erde: 3670 Kilometer Luftlinie von Kalifornien, 5500 Kilometer von Japan und 7330 Kilometer von China entfernt

Inseln gibt es offiziell, nur sieben davon sind bewohnt

Auf Kaua'i darf nach dem Gesetz kein Gebäude höher sein als eine Palme

Einer der nassesten Ort der Erde liegt auf Kaua'i: rund um den Vulkan Wai'ale'ale. Der Name bedeutet »plätscherndes« oder »überlaufendes Wasser«. Etwa 12 Meter Regen im Jahr fallen hier

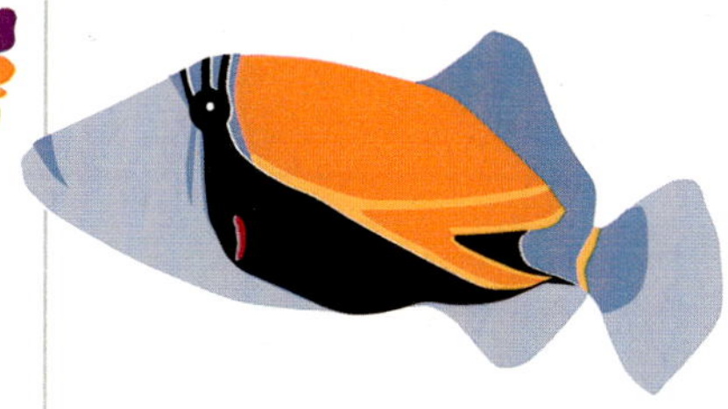

Staatsfisch ist der Diamant-Picasso-drückerfisch, der den kunstvollen hawaiianischen Namen Humuhumunukunukuapua'a trägt

MAUI Die blaue Stunde auf Maui dauert oft nur Minuten. Zwischen kitschigem Sonnenuntergang und tropischer Nacht leuchten Himmel und Meer im selben Ton. Wer dann am Strand von Kihei sitzt, kann nicht anders, als zu träumen

Die Inseln des Glücks

Ja, der Flug ist weit. Und teuer. Aber er lohnt sich, denn es gibt sechs gute Gründe für Hawaii: Maui, Kaua'i, O'ahu, Moloka'i, Big Island und Lana'i. Die Inseln am anderen Ende der Welt, die unsere Vorstellung vom Paradies geprägt haben

KAUA'I Sonne, Regen und viel Zuneigung lassen auf Kaua'i, der grünsten der sechs Inseln, die schönsten Gärten des Archipels sprießen. In vielen der kleinen Dörfer, wie hier in Koloa, hat sich seit den 1950er Jahren kaum etwas verändert

O'AHU Wer beim Eddie-Aikau-Surfwettbewerb am Strand von Waimea in den sandigen Logenplätzen sitzt, macht wahrscheinlich auch selber auf dem Brett eine gute Figur. Wellenreiten ist auf O'ahu Lebensgefühl. Und Schulfach

RVCA

MOLOKA'I Wer die Einzigartigkeit sucht, ist auf diesem Holzweg im Kamakou-Park richtig. Mehr als 200 endemische Pflanzenarten leben in dem Regenwald im bergigen Osten der Insel, die ansonsten für ihre schroffen Klippen bekannt ist

BIG ISLAND Die größte und jüngste Insel des Archipels ist noch im Werden begriffen und damit wohl der einzige Ort der Welt, wo sich Kajakfahrer vor Verbrennungen schützen müssen. An Land kann man sich den Lavaströmen auch ohne Lebensgefahr nähern

LANA'I Erodierte Lavafelsen leuchten im »Garten der Götter« auf. An diesem Strand zu wandeln ist ein exklusives Vergnügen. Die Insel gehört zu 98 Prozent dem Software-Milliardär Larry Ellison, der hier zwei Fünf-Sterne-Hotels betreibt

MAUI Während sich an den lieblichen Süd- und Westküsten von Maui die Luxushotels reihen, finden Individualisten an der Nordküste auch richtige Regenwaldduschen, wie hier zwischen Mile Marker 22 und 23 am Hana Highway

NIE MEHR OHNE MEER

Ein Leben ohne Welle und Wasser könnten sich die meisten Hawaiianer nicht vorstellen. Wegen des Meeres sind sie gekommen. Oder geblieben. Sechs persönliche Liebesgeschichten von Menschen, die sich nass am glücklichsten fühlen

FOTOS **SABINA MCGREW** PROTOKOLLE **FLORIAN HANIG**

CJ KANUHA

Er schnitzt Surfbretter, wie sie einst die hawaiianischen Könige fuhren

DAS TATTOO an der rechten Hüfte erinnert mich jeden Tag an meinen Vater. Ich habe einen Teil seiner Asche zu Tinte verrührt und sie in meine Haut stechen lassen. Der Ozean und die Berge: unser Familienwappen. Und mein Mittelname, der auch der Name meines Vaters und Großvaters war: Keliipoaimoku, Tigerhai. Die Tigerhaie sind die Schutzgötter der hawaiianischen Inseln. Wenn ich tauche, sehe ich sie manchmal. Den Rest der Asche haben wir mit Blumenketten in ein Tuch gewickelt und unter einer Klippe hier in der Bucht am Kamoa Point versenkt. Es ist ein heiliger Ort. Unsere Könige und Vorfahren liegen hier begraben. Es ist auch der Ort, an dem der erste Surf-Wettbewerb der Welt abgehalten wurde. Mein Vater hat mich oft hier mit hergenommen. An diesem Platz hat er mir beigebracht, wie man fischt, wie man taucht, wie man surft. Deshalb teste ich auch meine Surfbretter hier – weil ich mich hier meinem Vater nahe fühle. Er ist viel zu früh von uns gegangen. In meiner Jugend besuchten wir oft das Bishop Museum in Honolulu. Mein Vater erforschte den Familienstammbaum, und während er über Büchern saß, schaute ich mir im Keller die Surfbretter an. Surfen war mein Leben, damals schon. Mit 16 oder 17 Jahren schnitzte ich mein erstes Board, genau so, wie es die alten Hawaiianer gemacht haben: aus einem Stück Holz. Ich wollte zeigen, dass der Sport der Könige nicht mit einem Fiberglas-Board begonnen hat. Niemand in Kalifornien oder Australien würde heute wellenreiten, hätten die Hawaiianer diesen Sport nicht erfunden. Dann erkrankte mein Vater, später meine Mutter an Krebs. Am Anfang stiftete ich die Bretter an gemeinnützige Organisationen, aber als die Arztrechnungen immer höher wurden, habe ich sie auch verkauft. Die Großen erzielen bis zu 20 000 Dollar. Was mir wichtig ist: Diese Bretter sind funktionale Kunst. Man kann auf ihnen surfen. Natürlich ist es nicht ganz einfach, eine 60 oder 100 Kilo schwere Holzplanke vom Auto ins Wasser zu tragen. Und du musst lernen, so einen Trum im Wasser zu kontrollieren. Aber wenn du es beherrschst, gleitet dieses Brett ohne Ende. Dann schenkt es dir den Ritt deines Lebens.

JEANNIE CHESSER

Die Wellen haben ihren Sohn umgebracht. Trotzdem sagt die Designerin: Das Surfen hat mich gerettet

ICH HABE SEHR JUNG GEHEIRATET und meinen Sohn Todd mit 19 zur Welt gebracht. Kurz darauf starb mein Mann bei einem Autounfall. Das hat mich nach Hawaii geführt. Ich wollte neu anfangen. Und ich wollte wellenreiten. Wie ich es auf den Bildern aus Hawaii gesehen hatte. Darauf konzentrierte ich mich. Also packte ich das Auto voll und fuhr quer durchs Land, von Florida nach Kalifornien. Meine Mutter muss krank vor Angst gewesen sein, aber Todd und ich hatten Spaß auf der Fahrt, wir sangen im Auto zusammen. Dann setzten wir mit einem Frachtschiff nach Honolulu über. In den ersten Jahren verdiente ich Geld, indem ich Schaufenster dekorierte, auf Kinder aufpasste, alles Mögliche. Doch als ich anfing, meine Surfbretter mit der Airbrush-Pistole zu bemalen, fragten mich Freunde, ob ich auch ihr Brett lackieren könnte; und dann fragten mich deren Freunde. Und ehe ich michs versah, entwarf ich Designs für große Surf-Firmen. Todd starb drei Tage vor seinem 29. Geburtstag, im Februar 1997. In den Tagen danach konnte ich das Geräusch großer Wellen nicht ertragen – jener Wellen, die ihn getötet hatten. Aber ich denke, Surfen hat mir das Leben gerettet. Und ich weiß, dass Todd nicht gewollt hätte, dass ich mich zu einem kleinen Ball zusammenrolle und Mitleid mit mir habe. Das muss auch sein, aber nur für eine Weile. Was mir unheimlich geholfen hat, war die Liebe von Todds Freunden, viele Profisurfer darunter. Kelly Slater gab mir alle Trophäen, die er im folgenden Jahr gewann. Und Conan Hayes ließ sich noch am Tag von Todds Tod ein Tattoo stechen: „In loving memory of Todd Chesser." Sieben weitere Freunde haben es ihm nachgetan. Zu meinem 70. Geburtstag sind sie alle gekommen. Das hat mir viel bedeutet. Sie sind so jung, so voller Leben. So wie Todd war.

Ich gehe immer noch jeden Morgen am Ala-Moana-Pier Wellenreiten. Sogar während meiner Krebsbehandlung hab ich nicht aufgehört. Als ich nach der Operation nicht aufstehen konnte, bin ich liegend rausgepaddelt. Und ich schreie immer vor Freude, wenn ich surfe. Ganz laut „Weee!". Denn das ist es, was Surfen für mich bedeutet: Freude und Klarheit. Wasser hat eine heilende Kraft. Weshalb lassen sich die Menschen im Wasser taufen?

KRISTIN BOESE

Sie möchte hier ankommen: Die neunfache Kite-Weltmeisterin aus Potsdam baut sich auf Maui ein Haus

ALS ICH MIT DEM WINDSURFEN und später mit dem Kitesurfen anfing, wurde mir schnell klar, dass ich unbedingt nach Maui muss. All die Videos, die ich mir damals anschaute, stammten von dort. Der Himmel sah darauf immer blauer aus, die Hügel grüner, das Wasser klarer als an der Ostsee. Einfach magisch. Maui-magisch.
Im ersten Winter hat das Geld nur für Ägypten gereicht. Seit 2003 bin ich dann aber jedes Jahr nach Maui geflogen, für ein paar Wochen mindestens. Und das war schon ein Wow-Erlebnis, am Strand plötzlich neben all diesen Menschen zu stehen, die ich in den Videos bewundert hatte – meinen Helden! Ich hab dann sehr schnell Anschluss in der Kite-Szene gefunden. Und vor ein paar Monaten bin ich endgültig nach Maui gezogen. Mein Mann testet Prototypen für eine Kite-Firma. Die hat 2013 ihre Entwicklungsabteilung von Australien nach Maui verlegt. Und wir sind quasi mit verlegt worden. Auch wenn ich inzwischen als Profisportlerin die besten Kitespots weltweit bereist habe, bleibt Maui für mich immer noch etwas Spezielles. Das hat nicht nur mit dem Wasser zu tun, sondern auch damit, dass ich mich nirgends so mit der Natur verbunden fühle wie hier.
Wir haben ein Grundstück gekauft, das früher ein Taro-Feld war, deshalb lese ich im Moment viel über Taro, ein Grundnahrungsmittel der Hawaiianer. Ich sammle Rezepte und will unbedingt wieder Taro im Garten pflanzen. Zwei Ziegen haben wir schon. Tagsüber arbeiten wir an unserem Haus. Aber in der Früh oder abends, wenn die Sonne nicht mehr so hoch steht, erkunden mein Mann und ich die Bambuswälder im 'Iao-Tal, wir steigen den Fluss hoch zu den Wasserfällen. Auf den ersten Hundert Metern begegnen uns manchmal noch Touristen, aber nach einer halben Stunde sind wir ganz allein mit der überwältigenden Natur. Das Zentrum des Kitesports auf Maui ist der Kanaha Beach Park, dort wurde das Kitesurfen zum ersten Mal der Öffentlichkeit präsentiert. An guten Tagen sind dort Hunderte auf dem Wasser. Ich fahre aber lieber die paar Meter von unserem Haus nach Waiehu. Zum einen kite ich nun lieber *strapless*, also ohne Fußschlaufen, und dazu brauche ich auflandigen Wind. Zum anderen macht es mehr Spaß in einem kleinen Kreis von Freunden. Da bin ich nicht die Weltmeisterin, sondern eine *local*, wie alle anderen. Und kann schon mal einen Supercrash hinlegen, ohne dass ein Kite-Tourist, der das mit seiner Helmkamera filmt, gleich das Video ins Internet stellt.

GARRETT LISI

Der Physiker entwickelt eine Theorie, die Einsteins Relativitätstheorie und die Teilchenphysik verbindet

ALS ICH MEINEN DOKTOR in Theoretischer Physik machte, ärgerte ich mich, dass es keine gute geometrische Darstellung von elementaren Teilchen gibt, etwa von Elektronen. Andere Physiker begeisterten sich zu der Zeit für die Stringtheorie, die in meinen Augen nur Unfug war. Ich beschloss, die akademische Welt zu verlassen, um über Elektronen zu forschen. Ich kaufte einen alten Bus, baute ihn zum Wohnmobil um und fragte meine Freundin, ob sie mit mir für ein Jahr nach Hawaii zieht. Das war kein sonderlich überlegter Plan, aber zu meiner Überraschung sagte sie Ja. So verbrachten wir die Zeit an verschiedenen Stränden auf Maui. Wir surften, schliefen im Bus. Und ich unterrichtete Physik an einem College vor Ort. Ich bekam eine feste Stelle angeboten. Als Professor. Auf Lebenszeit. Aber das hätte mir keine Zeit für meine Forschung gelassen – und fürs Wellenreiten. Also lehnte ich ab. Stattdessen bewarb ich mich bei einer privaten Stiftung um ein Stipendium und bekam es. Meine Arbeit ist relativ abstrakt und komplex. Um Fortschritte zu machen, musst du Tausende mathematischer Beziehungen verstehen und neue Verbindungen dort sehen, wo sie niemand vor dir gesehen hat. Das kann erhebend sein, die meiste Zeit ist es schwierig, frustrierend. Es kann passieren, dass du monatelang an einem Problem arbeitest, ohne einen Schritt weiterzukommen. Und konzentrierst du dich zu sehr darauf, knallst du gegen eine Wand. Deshalb surfe ich. Um den Kopf freizukriegen. Surfen ist eine intensive Erfahrung, so nah an der Kraft und Schönheit der Natur, dass ich danach meine Arbeit mit ganz neuen Augen sehe. Während ich also viel Zeit auf dem Wasser verbrachte, begann ich, mich für Lie-Gruppen zu interessieren: Unsere Umwelt besteht aus Elementarteilchen, die miteinander interagieren. Wie sie dies tun, wird durch ihre Aufladung bestimmt – unter Berücksichtigung der Gravitation, elektromagnetischer Wechselwirkung, schwacher und starker Kernkräfte. Physiker haben herausgefunden, dass diese Kräfte mit schönen, komplizierten Kurvenflächen korrespondieren, die Lie-Gruppen heißen. Eines Morgens wurde mir klar, dass die Aufladungsmuster aller bekannten Teilchen mit den Windungen der schönsten geometrischen Struktur übereinstimmen: denen der Lie-Gruppe E8 mit ihren 248 Dimensionen. So eine geometrische Übereinstimmung zu finden hat mich umgehauen. Noch hab ich nicht alle Details von E8 ausgearbeitet, aber es ist ein Schritt vorwärts zum Ziel, das alle Theoretischen Physiker verfolgen: nämlich alles in dieser Welt mit ein paar eleganten Formeln zu beschreiben. Vielleicht auch in einer Illustration, die sich auf T-Shirts gut macht.

FRANCISCO GOYA

Der Exweltmeister verwandelte das Windsurfen in einen Tanz mit dem Segel und führt heute seine eigene Firma

1989 KAM ICH DAS ERSTE MAL NACH MAUI. Ich war 18, hatte ein Zelt und 300 Dollar. Eine Zeit lang schlief ich mit meinem Bruder in einem Auto, aber das Dach hatte so viele Löcher, dass wir es mit einem Segel abdecken mussten. Ich träumte damals davon, Profi-Windsurfer zu werden, aber ich habe niemandem davon erzählt, denn es gab Kinder auf Maui, die viel besser segelten als ich. Also nahm ich mir vor, mehr zu üben als alle anderen. Sieben Jahre später war ich Weltmeister. Weshalb Ho'okipa? Ich hab schon jeden dort auf den Felsen gesehen, mit gebrochenem Mast. Der Spot lehrt dich Demut: Das Riff ist flach, die Wellen können dich für eine Ewigkeit gefangen halten. Aber wenn Gott einen Platz fürs Windsurfen erschaffen wollte, dann sieht er so aus: mit Wellen, die sehr schnell, aber mit langen Pausen dazwischen reinrollen; mit einem Kliff, das den Wind abblockt, wenn du die Wellenspitzen erreichst; mit dieser überschäumenden Energie.

Beim Windsurfen wirst du Teil dieser Energie. Wenn du auf Flachwasser segelst, kannst du Spaß haben, aber wenn du auf einer Welle reitest, geht das tiefer. Es berührt deine Seele, denn du musst deine Energie mit der des Wassers und des Windes in Einklang bringen. Reagierst du zu spät, schluckt dich die Welle. Ziehst du zu früh raus, fliegst du hinten runter. Aber es gibt diese wenigen Momente, wenn du vollkommen eins bist mit der Gegenwart. Wenn du nur mit Finger- und Zehenspitzen die Welt in der Balance hälst: die Schwerkraft, die Naturgesetze. Du denkst nicht, du rechnest nicht, du fliegst, du tanzt. In diesem magischen Moment siehst, fühlst du alles um dich, du bist alles um dich herum.

Vielleicht verbindet uns diese Erfahrung: Kommst du mit dem Brett zum Strand, bist du Teil der Familie. Inzwischen besitze ich eine Firma, und ich verbringe viel Zeit mit meiner Frau Tamara und meinen beiden Kindern Luna und Teo, hier am Bach in unserem Garten. Aber Ho'okipa ist ein Teil von mir geblieben. Einmal bin ich mit einem Stand-up-Board rausgepaddelt, Buckelwale sind direkt unter mir durchgeschwommen. Ich hab mich aufs Board gelegt, und der Gesang der Wale hat das Brett vibrieren lassen.

KULA BARBIETO

Das beste Mittel gegen Jetlag: Sport. Die Stewardess besitzt ein Snowboard – und 20 Surfbretter

ICH KANN MICH NICHT DARAN ERINNERN, dass ich jemals Schwimmen gelernt hätte. Ich war einfach immer da: auf dem Wasser, am Strand. Mein Vater hatte nur Töchter, er nahm uns mit zum Fischen, zum Wellenreiten, er brachte uns bei, wie man Fische ausnimmt. Manchmal saß ich stundenlang am Strand und habe Kanus aus Kokosschalen gebastelt. Wir lebten eine Stunde vom nächsten Laden entfernt, und für das Fernsehgerät mussten wir den Generator anwerfen. Es gab also nicht viel anderes als den Strand.

Wenn du auf Big Island wellenreiten möchtest, darfst du keine Angst haben. Denn die Strände hier sind keine hübschen Sandsicheln, oh nein, Lava und Fels überall. Du lernst, mit deinem Brett von einem Stein in die Brandung zu springen. Und rauszukommen.

Einer meiner Onkel hat es mir beigebracht. „Siehst du die Palme und die Steinwand dort", hat er gesagt, „die beiden musst du in eine Linie bringen, dort liegt dein Spot." Und er hat mir erklärt, dass ich unter Wasser die Augen öffnen muss, um die Riffe zu sehen. Um zu verstehen, wie sich das Wasser bewegt. Um das Wasser als solches zu verstehen.

Mein Onkel ist von uns gegangen, aber ich wünschte so sehr, er könnte sehen, wie weit ich es gebracht habe. Nach dem College hab ich bei Hawaiian Airlines angeheuert, und eines Tages hat mir jemand auf die Schulter geklopft und mich gefragt, ob ich surfe und für eine bekannte Firma modeln möchte? Zuvor hatten sie immer nur Models aus Kalifornien, groß gewachsene, dünne Blondinen. Ich war eines der ersten „ethnischen" Models und bin um die ganze Welt gereist, um auf den schönsten Wellen fotografiert zu werden.

Wenn ich heute etwas Zeit zwischen zwei Flügen habe, paddle ich mit meinem Stand-up raus zum Lanikai-Riff. Das ist ganz schön anstrengend, aber meistens habe ich diese wunderbare Welle zwischen zwei kleinen Inseln ganz für mich allein.

Ich besitze 20 Surfboards, und außerdem hab ich jetzt mit dem Snowboarden angefangen. Vergangene Woche war ich in Sapporo, und der Schnee dort ist wie Puder. Aber so sehr ich das Snowboarden liebe – ich könnte nie fern des Meeres leben. Es ist ein Teil von mir.

NICHT PERFEKT IST AUCH GUT
DIE NEUE FLOW IST DA,
mit kreativen Ideen, spannenden Denkanstößen und positiven Inspirationen,
die den Alltag ein bisschen schöner machen. Dazu kleine Papiergeschenke zum
Herausnehmen, liebevolle Illustrationen und viele Selbstmachtipps.
www.flow-magazin.de
INSPIRATION · IDEEN · EINBLICKE · ANSTÖSSE · INSPIRATION · IDEEN · EINBLICKE
EXTRAS
flow
Wahre Größe zeigt sich darin, auch im Kleinen groß zu sein.
PARTNERSCHAFT So fühlt sich der Alltag nach einer Trennung an
ZEITGEIST Warum es vollkommen egal ist, was andere über dich denken
SELBER MACHEN Granny Squares häkeln
THEMA: KLEIN & GROSS
MIT ZWEI KREATIVEN BEILAGEN
JETZT NEU AM KIOSK
Mein Leben ist im flow

Von Hamburg nach HAWAII

Nur noch Boardshorts und Flipflops tragen, Papayas im Garten ernten und den Pazifik mit Walen und den besten Surfern teilen – Heftredakteur Florian Hanig hat mit seiner Familie auf Maui den Paradies-Praxistest gemacht. Und schnell gelernt, was im Kofferraum nie fehlen darf

FOTOS **JEN JUDGE, ANURADHA SETH**

Einmal in einer Fototapete leben. Das war das Ziel. In der Chang-Bucht im Süden Mauis fühlt sich jeder sofort als Robinson Crusoe

DAS FLUGZEUG röhrt über uns hinweg, legt sich in die Kurve für den Rückflug nach San Francisco. Palmen tanzen über unseren Köpfen Hula, so schlank und so hoch, dass sie nicht wie Bäume wirken, sondern wie riesige Blumen. Und wir stehen vor unserem Mietwagen auf dem Parkplatz, mit nicht viel mehr als zwei Koffern, einer Reisetasche und einer Gitarre. Weit weniger Gepäck, als die meisten unserer Mitreisenden für eine Woche Paradiesurlaub mitgebracht haben. Wir aber wollen sechs Monate bleiben. Sechs Monate auf Maui.

In der Rückschau sind wir uns nicht sicher, wie aus einer verrückten Idee ein Plan wurde. Fest steht, dass unser Sohn Naveen nach dem Abschluss eines Windsurf-Grundkurses auf dem Heimweg vom Hintersitz aus gekräht hatte, dass wir nächstes Mal nicht an die Ostsee fahren sollten. Sondern nach, er beugte sich vor und buchstabierte, Hawaii. Er hielt ein Magazin hoch, in dem Windsurfer über brechenden Wellen in Loopings durch die Luft segelten.

Irgendwann stand dann eine „Hawaii-Kasse" im Kinderzimmer, ein Schuhkarton, den meine Frau mit Blumen, Palmen und Surfern bemalt hatte. Und den Naveen und sein älterer Bruder Nikhil fütterten, indem sie auf Weihnachtsmärkten Geige und Cello spielten und abends mit so vielen Münzen in den Taschen durch die Tür wankten, dass es aussah, als ob sie Bleiwesten tragen würden.

Nach einem Info-Abend an unserem Gymnasium, an dem Austauschschüler von ihrem „High School Year Abroad" berichteten, fragte mich mein Sohn am folgenden Morgen schließlich, ob ich mein nächstes Drehbuch in Deutschland schreiben müsse. Ginge das nicht auch woanders?

Und so stehen wir jetzt auf dem Parkplatz, vor einem per E-Mail reservierten Van, der nie eine TÜV-Plakette bekommen würde, und machen uns auf den Weg zu dem Bungalow im Grünen, von dem wir nicht mehr gesehen haben als sechs Fotos auf einer Webseite für Ferienimmobilien.

Wir fahren vom Flughafen aus erst Richtung erloschener Vulkan, dann gen Osten durch Zuckerrohrfelder und eine kleine Wildwest-Stadt, die fast nur aus Surfgeschäften und Bikiniläden zu bestehen scheint: Pa'ia. Schließlich taucht rechter Hand das Schild „Ho'okipa Beach Park" auf. Die Jungs, inzwischen 13 und 15 Jahre alt, fuchteln mit den Armen, und wir parken auf der Klippe über dem berühmtesten Windsurfspot der Welt – dessen Foto Naveen vier Jahre zuvor im Auto hochgehalten hatte.

Die Sonne sinkt schon, nur noch ein Segel leuchtet weit draußen. Wir setzen uns auf die Klippen und halten uns stumm an den Händen: Vor uns rollen die Wellen in die Bucht, goldgelb beschienen und mit sechs oder sieben Sekunden Abstand. Als ob wir der Welt beim Atmen zusehen.

Eine halbe Stunde später fahren wir in die Einfahrt des kleinen, tropisch umwucherten Bungalows, der unser Zuhause sein wird. Ich versuche das Navigationsgerät auszuschalten und drücke versehentlich auf „Zoom minus". Die Insel schrumpft blitzschnell, bis nur noch ein Auto-Symbol übrig bleibt, das mitten im Pazifik schwimmt. Rund 3700 Kilometer vom nächsten Festland entfernt. „Sie haben ihr Ziel erreicht."

DER START ins große Familienabenteuer: Naveen, Anuradha und Nikhil mitsamt dem Gepäck, das für sechs Monate reichen musste

DER ERSTE SCHULTAG. Die 20 Schüler der Haleakala Waldorf High School sitzen unter zwei riesigen Regenbäumen, die ihre Luftwurzeln auf den grünen Rasen baumeln lassen, eine Hawaiianerin singt mit tiefer Stimme einen Segen, während sich Tänzerinnen in weißen Leinengewändern im Rhythmus wiegen. Dann legen die Lehrer jedem Schüler einen Lei, eine Blumenkette, um den Hals.

Die beiden Klassenzimmer sind im Nebengebäude einer ehemaligen Plantagen-Residenz aus dem 19. Jahrhundert untergebracht, sogar das Skelett für den Biologieunterricht trägt eine Blu-

menkette. Auf dem parkgroßen Grundstück laufen feuerrote, uns unbekannte Vögel herum. Das ist so schön, dass es fast wehtut, flüstert mir meine Frau ins Ohr.

Unser kleiner Bungalow liegt nur 200 Meter von einer alten Ananasfabrik entfernt, in der viele Surf- und Windsurf-Firmen ihren Sitz haben. Dort lernen wir beim ersten Besuch fünf der zehn Profisurfer kennen, deren Bilder in den Zimmern meiner Kinder hängen. Francisco Goya, der Star eines Windsurf-Films, mit dem wir die langen Hamburger Winter überbrückt haben, schreibt uns den Nummerncode der Schranke zu seiner Wohnanlage auf. Kommt einfach vorbei, wenn ihr Zeit habt, sagt er. Ein paar Tage später rettet er Naveen davor, in Hoʻokipa mit Board und Segel in die Felsen gespült zu werden. Und versichert unserem Kleinen, dass ihm, dem Weltmeister, das auch schon passiert sei. Willkommen im Club.

Kann das eigentlich alles wahr sein: die Leute so freundlich und offen, Papaya- und Avocado-Bäume im Garten, drei bis vier Regenbogen am Tag, der Ausblick in die nebelverhangenen Schluchten der Puʻu-Kukui-Berge und nach der nächsten Kurve über den Ozean? Fast freuen wir uns schon auf die Fahrt durch den abgewrackten Hafen von Kahului auf dem Weg zum Kanaha Beach Park, wo wir manchmal windsurfen. Eine kleine Dosis therapeutische Hässlichkeit.

LIVING THE DREAM. Diesen Satz hören wir in den ersten Wochen fast jeden Tag. Er ist das Mantra all derer, die hierhergekommen sind. Der Neurochirurg aus Pittsburgh beispielsweise, der sich mit 50 Jahren zur Ruhe gesetzt hat und mit seinen sechs Söhnen nach Maui gezogen ist. Bei der Poolparty, zu der er uns einlädt, sind wir die einzigen, die nicht in Boardshorts und Bikini kommen.

Die Mutter eines Mitschülers, früher im Olympia-Volleyballteam der USA, erklärt uns, dass sie für spontane Partys immer einen Beutel mit T-Shirt und Bikini im Kofferraum mit sich führt. Dann stellt sie das Chardonnay-Glas ab und taucht mit einem Kopfsprung vom Beckenrand zu dem kleinen Wasserfall am Ende des Pools. Später zeigt uns einer der Söhne die Doppelgarage, die bis unter die Decke mit Wellenreit- und Windsurfbrettern gefüllt ist, mit Segeln, Rennund Motorrädern. So muss der Himmel für Teenager aussehen.

Den Traum leben! Das will auch die junge Französin, die in einem Bambuspavillon in den Hügeln von Haiʻku, eingerahmt vom Dschungel, Yoga unterrichtet und →

WELLENREITEN gehört für Nikhil und Naveen bald zur Tagesroutine, nach der Schule, vor den Hausaufgaben

Bambushaine säumen die Straße nach Hana entlang der Nordküste. Bei kräftigem Wind hören wir ihr Rascheln noch im Schlaf

uns in Posen zwingt, bei denen es gefährlich im Rücken knackt.

Den Traum leben hat sich die italo-amerikanische Familie vorgenommen, die ihr Restaurant in Los Angeles verkauft hat, weil der übergewichtige Sohn dort gehänselt wurde.

Und leben nicht auch wir den Traum unserer Kinder? Und unseren, gereift in langen, grauen Hamburger Wintertagen?

OFFENE FENSTER und offene Türen. Eine wunderbare Leichtigkeit umgibt uns, ob beim Yoga oder beim Chillen

MAUI IST EINE INSEL der Träumer und Sucher. In Mana Foods, dem Bioladen von Pa'ia, der kleinen Stadt mit den vielen Surf- und Bikiniläden, hängen Dutzende Werbeposter, für buddhistische Reinigungszeremonien, Familienaufstellung, Klangschalenmeditation, tantrische Astralleibmassagen. Die meisten führen hawaiianische Begriffe im Namen, allen voran Aloha.

Aloha, erklärt ein Tischler aus Colorado, heißt: „Ich sehe in dir die Anwesenheit Gottes." Es sei die bedingungslose Liebe. Sie ist der Kitt, der all die Heilsversprechen zusammenhalten soll. Auch wir melden uns bald mit „Aloha" am Telefon. Und winken lässig *hang loose* aus dem Autofenster, wenn sich jemand vor uns beim Einparken verheddert.

Dieser zigtausendfache Vorsatz, seinen Traum zu leben, lädt die Insel mit einem berauschenden Optimismus auf, schweißt uns zusammen wie Pioniere. Der Gärtner unseres Nachbarn legt uns Bananenstauden auf die Veranda, wir revanchieren uns mit frisch gebackenem Brot.

Und doch beschleicht uns manchmal auch ein seltsames Gefühl, denn all die Träume, sie treiben nebeneinander wie schillernde Seifenblasen, verbinden sich nicht zu einer neuen Kultur. Und der Import fremder Traditionen treibt seltsame Blüten: Als die Sechstklässler unserer Schule die „Ramayana" aufführen, das große indische Epos, lassen die Eltern sogar Musiker aus Kalifornien einfliegen. Doch die Erklärung des Stücks in dem Flyer ist so schlicht und falsch, dass es meiner in Indien geborenen Frau die Tränen in die Augen treibt.

„Aloha", begrüßen uns die erste Woche alle. Zugezogene wie wir zumeist. Oder Nachfahren der Gastarbeiter, die ab dem 19. Jahrhundert auf die Inseln geholt wurden – aus China, von den Philippinen, aber auch aus Portugal. Als ich den ersten „richtigen" Hawaiianer treffe, sagt der „Fuck you". Er holt mit seiner Angelrute aus, im Wasser stehend, mit Augen, die klein und rot sind vom Kiffen. Ich bin ihm in seine Nylonschnur gesegelt, die er am Einstieg der Windsurfer ausgeworfen hatte. Er drischt auf mich ein. „Wir waren vor euch hier! Hau ab, Motherfucker." Als ich am Strand laut darüber nachdenke, ob ich die Polizei holen soll, halten mich die anderen Surfer davon ab, weiße US-Amerikaner allesamt. Die Polizisten seien Hawaiianer, das würde nichts bringen. Und so gehe ich an dem bekifften Schläger vorbei, der mich provozierend angrinst, und murmele leise „Aloha to you, too".

Woher kommt diese Wut? Eine Woche später sitzt ein Mann auf unserem Sofa, der dem „Unabhängigen Königreich von Hawaii" angehört. Ein Priester und Krieger. Von seiner Stirn zieht sich eine Linie schwarzer Dreiecke über das Augenlid und die Wange bis zum Hals. Auch der Rest des Körpers ist Furcht einflößend tätowiert. Was so gar nicht zu seinem freundlichen Lächeln passt. Hawaii, sagt er, hat eine Wirtschaft, die auf kolonialer Ausbeutung basiert. Die christlichen Missionare und ersten Kaufleute nahmen den Einwohnern das Land und das Wasser weg, das vorher Allgemeinbesitz war. Und legten große Plantagen an, deren Erträge, erst Ananas, seit 20 Jahren hauptsächlich Zuckerrohr, in die USA verschifft werden. Durch den Wasserverbrauch der Plantagen und Golfplätze im Süden Mauis etwa bleibt für die Taro-Felder oder Bananen-Haine der Einheimischen kaum etwas übrig. Sie können sich nicht mehr selbst versorgen, sondern müssen Importwaren kaufen. So verdienen die Amerikaner →

Gute Laune am Straßenrand verbreitet Julia – mit Farbe und Bananenbrot. In Pa'ia werden Häuser gern mit alten Surfboards eingezäunt

KUʻE
IN ALOHA MEMORY OF HAWAII NEI
DESTROYED BY THE AMERICAN DREAM
BLAME LAIRD
AS SURFERS WE CARE
ALII'S M/C
KO HAWAII PAE AINA
HAWAIIAN KINGDOM NATION

ÜBERSCHUSS an Fruchtbarkeit. Wer mehr Ananas erntet, als er essen kann, platziert den Rest mitsamt Kasse vor dem Gartentor

gleich zweimal, durch den Export und den Import. Und die Frachtschiffe müssen nicht leer fahren.

Tatsächlich fällt uns beim Einkaufen ein, dass fast nichts, was bei uns zu Hause auf den Tisch kommt, von den Inseln stammt. Das Kokosnusswasser? Aus Thailand. Der Orangensaft? Aus Florida. Biokartoffeln? Aus Kalifornien.

Es gibt natürlich auch eine andere Sicht: Die Hawaiianer, hat eine junge Amerikanerin, Managerin einer Kaufhauskette, uns noch im Flugzeug erzählt, hätten einfach keine Lust, sich anzustrengen.

Der Elektriker, der unsere Deckenventilatoren gegen stärkere auswechseln soll, bringt seinen Hund mit. Aber keine Zange. Die Kabel verbindet er mit Klebeband. Dabei plaudert er mit meiner Frau über Indien, den Hinduismus und Nelson Mandela. Erzählt uns, dass seine angeheiratete Familie ihn rausgeworfen hat. Geht zwischendrin mal kurz zum Wellenreiten. Und bittet mich dann, ihm zu helfen, das Bett zu verschieben. Es wäre zu schwer. Ich sage: Sam, das Bett ist am Kopfende verschraubt. Sam kratzt sich am Kopf. Doch am Ende des Tages drehen sich wirklich die neuen Ventilatoren. Und zwar langsamer als die alten.

Irgendwie können wir es auch verstehen, dass die Hawaiianer nicht an den amerikanischen Traum glauben, durch harte Arbeit reich zu werden. Denn nirgendwo hat sich Wohlstand wohl so weit von Arbeit entfernt wie auf Hawaii. Der Reichtum unseres Vermieters gründet auf einer Internetseite für homöopathische Hundemedizin. Einer der Väter in unserer Schule hat ein Plattenlabel für Walgesänge und Naturklänge verkauft, angeblich für einen zweistelligen Millionenbetrag. Ein australisches Paar erzählt, dass es während des China-Booms an der Hongkonger Börse seinen Einsatz binnen weniger Jahre verhundertfacht hat und diesen Gewinn in Sicherheit bringen wollte. Es ist eine Art von unwirklichem Reichtum, die einem auf Maui oft begegnet. So unwirklich wie die Sonnenuntergänge in Orange, Rosa und Purpur, die spektakulärer sind als anderswo auf der Welt, weil sich den letzten Sonnenstrahlen auf dem Weg über den Pazifik keine Berge oder Häuser in den Weg stellen und sie so die Wolken von unten bescheinen. Und zum Glühen bringen.

Seinen Traum ohne Geld zu leben ist deutlich mühsamer. Der Lehrer unseres Jüngsten, erfahren wir, verdient sich ein Zubrot, indem er an Wochenenden vor einem Fünf-Sterne-Hotel die Autos der Gäste parkt, darunter Eltern seiner Schüler, die ihm ein Trinkgeld in die Hand drücken. Andere versuchen, das Paradies-Versprechen, dessentwegen sie gekommen sind, wieder zu verkaufen. Nach jeder Party leeren wir unsere Taschen mit Visitenkarten neuer Freunde, die haupt- oder nebenberuflich Häuser vermakeln.

Living the dream ist auch ein Schneeballsystem: Die Neuzuzügler finanzieren diejenigen, die vor ihnen gekommen sind. Nicht jeder stellt sich dabei allerdings so stümperhaft an wie unser Nachbar Steve, ein Hüne mit blondem Bart, der einen zerbeulten Land Rover fährt, auf dem ein Aufkleber der „Delfin-Befreiungsfront“ klebt. Steve hatte sich mal als Tierwärter in ein Ozean-Zentrum eingeschlichen, um anschließend die Delfine in die Freiheit zu entlassen. Eines Tages marschiert er ohne anzuklopfen in unser Haus und beschuldigt uns, wir hätten sein Auto angefahren. An der Delle ist kein Lack zu sehen, auch die Polizei möchte er nicht rufen. Aber 2000 Dollar von unserem Vermieter für den Schaden will er haben. In unserer Straße darf man nämlich eigentlich keine Unterkünfte kurzfristig an Touristen vermieten. Steve will Schweigegeld, einen Anteil an der Miete. Nachdem wir ihm beweisen, dass wir einen regulären Mietvertrag haben, nickt er uns nur noch knurrig zu.

WIR LEBEN DEN TRAUM und sind nach vier Monaten Maui doch erschöpft. Von den zehn Stunden Sonnenschein am Tag, nach denen wir uns in Hamburg gesehnt haben, die uns jetzt aber trotz Sonnencreme mit Schutzfaktor 50 unter die Haut gehen, von den 25 Grad nachts, die uns den Schlaf rauben. Vom Fahren. Denn Maui mag eine kleine Insel sein, aber die Wege sind weit. Manchmal haben wir abends 100 Kilometer mehr auf dem Tacho. Und haben doch nur die Kinder in ihre Schulen gebracht, waren Einkaufen und Surfen.

Unsere Kinder aber blühen auf. Und sind kaum noch von den Maui-Boys zu unterscheiden: die Haare ausgebleicht, die Haut samtbraun, stets ein wenig nach Salzwasser riechend. Nach der Schule fahren wir sie an den Strand, wo sie sich in Wellen stürzen, die unseren Herzschlag aus- →

Bis zu 50 Jahre alt können die Silberschwerter werden – und blühen doch nur einmal. Sie kommen nur in Maui vor, wie hier im Krater des Haleakala

setzen lassen, ihnen aber ein breites Grinsen ins Gesicht zaubern.

Sie nehmen an der Aloha Classic teil, dem legendären Windsurf-Turnier, und träumen davon, später eine Firma zu gründen, so wie David Ezzy, der mal für eine große Firma Segel entwarf, aber nicht mit ansehen wollte, wie die Arbeiter in Sri Lanka giftigen Aerosolen ausgesetzt waren. Und dann mit diesen Arbeitern ein Kollektiv bildete, um fortan im Maui-Spirit zu produzieren: mit Respekt für Mensch und Natur. Oder eben wie ihr Vorbild Francisco Goya, der die letzten Meter von seinem Van zum Wasser immer rennt, so aufgeregt ist er, seine neuen Boards testen zu können.

Alternativ könnten sie sich eine Karriere als Reggae-Musiker vorstellen, so wie es ihnen unser Freund Mishka vorlebt, in dessen Haus wir das entspannteste und schönste Thanksgiving-Fest erleben, das wir uns vorstellen können: mit Tofurky für die Vegetarier und Truthahn für den Rest und Kürbiskuchen für alle, mit Kindern, die im Bananen- und Papaya-Garten nachts Verstecken spielen und mit Taschenlampen geheimnisvolle Signale morsen.

WEIHNACHTEN auf Maui. Vor der Feuerwehrwache in Pa'ia thront plötzlich eine riesige durchsichtige Plastikkugel, in der Schneeflocken um einen Schlitten wirbeln, in Ho'okipa tragen einige Surfer Neopren-Nikolausmützen, und in manchen Gärten liegt Kunstschnee, der in der tropischen Sonne so grell glitzert, dass man nur mit Sonnenbrille vorbeifahren kann. Liegt es an Weihnachten, dass wir uns plötzlich so fremd hier fühlen?

Der Körperkult am Strand stößt uns auf, die Uniformität der Mädchen, die ihre blonden Mähnen zurückwerfen, während sie ihre Smartphones betrachten, durch Sonnenbrillen, die größer sind als die Textilflächen ihrer Bikinis. Die ewigen Gespräche über Wellenhöhen und Swell. Fernsehnachrichten, die sich monatelang um Obamas Gesundheitsreform drehen. Der Kult ums Auto (am krassesten von der Surflegende Robby Naish zelebriert, der einen fünf Tonnen schweren Truck fährt, dessen Motor aus einem 590-Liter-Tank den Sprit saugt). Wir können die Kinder nicht einmal die 200 Meter zur ehemaligen Ananasfabrik schicken, da die kurvige Straße keinen Bürgersteig hat und die Fahrer gern die Kurven schneiden. Am Ende unseres Aufenthalts träumen die Jungs vom U-Bahn- und Radfahren in Hamburg, von der Freiheit, einfach Freunde zu besuchen ohne elterlichen Fahrdienst.

Der unglaublich befreiende Rausch, ganz weit weg zu sein, am anderen Ende der Welt, kippt nach fünf Monaten um in ein Gefühl, aus der Welt gefallen zu sein, eine Angst, den Anschluss zu verlieren.

Doch gerade als unsere Liebe für Maui den tiefsten Punkt erreicht hat, zieht die Insel noch einmal alle Register. Auf der Fahrt von Pa'ia nach Hai'ku fängt meine Frau plötzlich an zu schreien. Ich bringe den Wagen schlingernd zum Stehen, dann folge ich ihrer ausgestreckten Hand. Und sehe: Wale. Ein Buckelwal-Weibchen und zwei Jungtiere. Keine 100 Meter vom Strand entfernt springen sie in die Höhe und lassen sich rückwärts ins Wasser fallen, stoßen riesige Fontänen in die Luft. Alle Surfer haben ihre Bretter umgedreht, lassen die schönsten Wellen ungenutzt unter sich durchrollen, so gebannt sind sie von der tonnenschweren Leichtigkeit dieses Wal-Balletts.

Drei Tage später ist Neujahr. Feuerwerk und Raketen sind auf Maui nicht erlaubt, viele unserer neuen Freunde sind zu ihren Familien aufs Festland geflogen. Ein bisschen allein gelassen fühlen wir uns und stapfen kurz vor zwölf auf die Straße, nur ein paar Gläser und eine Flasche Sekt in den Händen. Und dann merken wir, unter was für einem Sternenhimmel wir stehen. So hell funkeln sie, so nah und fern zugleich, millionenfach, dass uns fast schwindelig wird. Die Milchstraße, der Andromedanebel. Ewige, leblose Pracht, vor der das eigene Leben plötzlich staubkornklein und rätselhaft erscheint.

Da kommen ein paar Nachbarn auf uns zu, die wir noch nie gesehen haben. Sie zaubern aus einer Tasche chinesische Heißluftballons hervor. Als sie die großen Augen unserer Jungs sehen, schenken sie ihnen zwei und zeigen ihnen, wie sie den petroleumgetränkten Bausch anzünden müssen, damit sich die Luft in der Reispapierhülle erhitzt. Vorsichtig lassen die Kinder die Ballons mit ihren Wünschen für das nächste Jahr steigen, zwei gelb-rot funkelnde Punkte, die es knapp über die Stromleitung schaffen, auf 30 oder 40 Meter Höhe steigen und dann Richtung Meer treiben.

„Aloha", sagen unsere Nachbarn. „Aloha", sagen wir.

Und gucken den beiden Glühwürmchen nach, die durch die Nacht eilen. Die Kinder verraten ihre Wünsche nicht. Aber wir wissen: Sie würden gern zurückkommen. ■

GEO-Redakteur **Florian Hanig**, 46, hat auf Maui nicht nur dieses Heft recherchiert, sondern auch eine neue Berufung gefunden: als „Board Butler" seiner Söhne, die einen imposanten Bretterfuhrpark ansammelten.

Im Moment ist der badende Elefant
direkt unter dir und deiner Kamera.
Aber die Lage könnte sich auch
schnell umkehren.
gürtlerbachmann
Jede Expedition hat ihre Geschichte. Begleiten Sie uns,
wenn wir die größten Abenteuer des Planeten entdecken,
erleben und erzählen. www.nationalgeographic.de
NATIONAL
GEOGRAPHIC
Abenteuer von Welt.

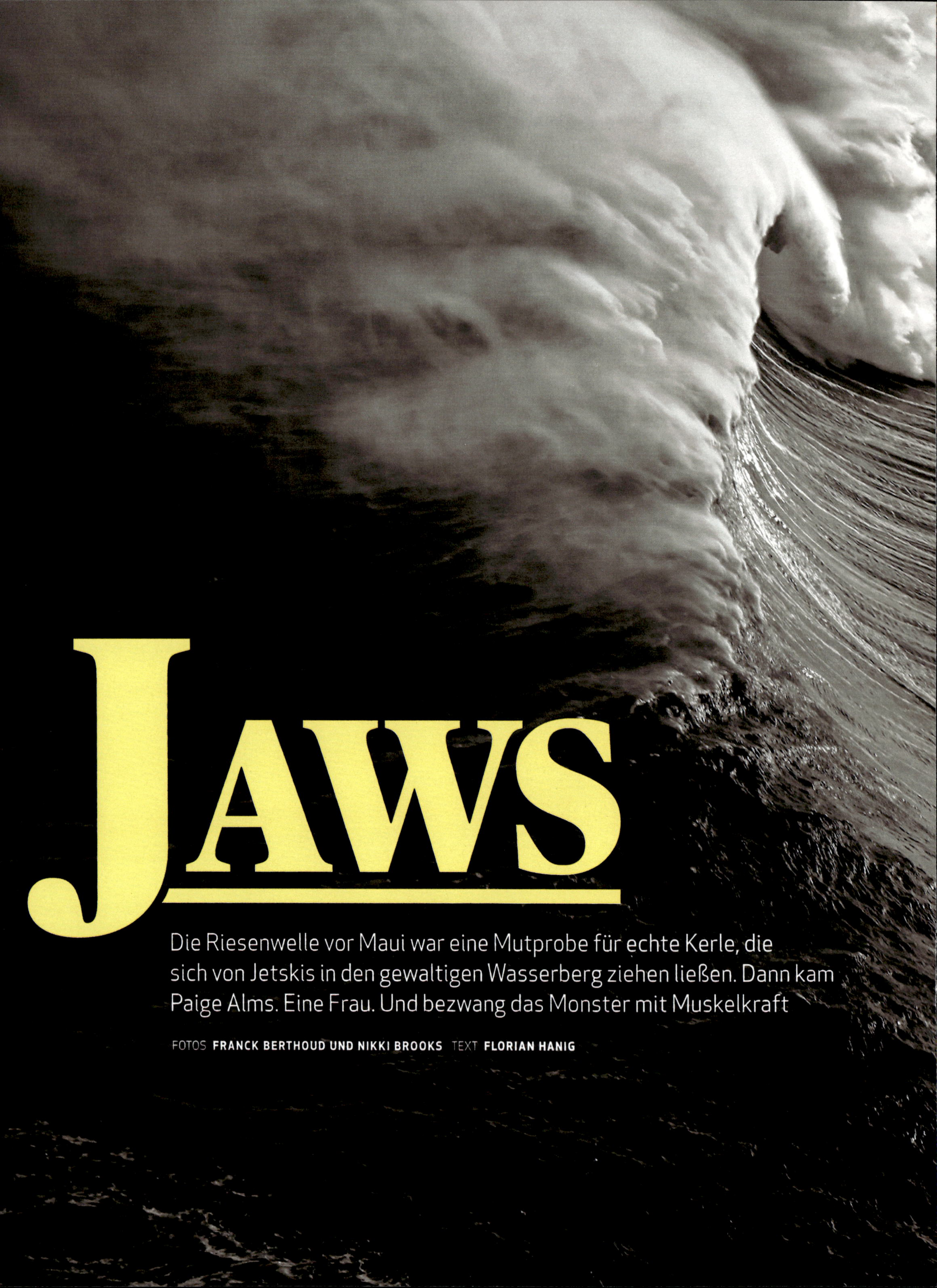

JAWS

Die Riesenwelle vor Maui war eine Mutprobe für echte Kerle, die sich von Jetskis in den gewaltigen Wasserberg ziehen ließen. Dann kam Paige Alms. Eine Frau. Und bezwang das Monster mit Muskelkraft

FOTOS **FRANCK BERTHOUD UND NIKKI BROOKS** TEXT **FLORIAN HANIG**

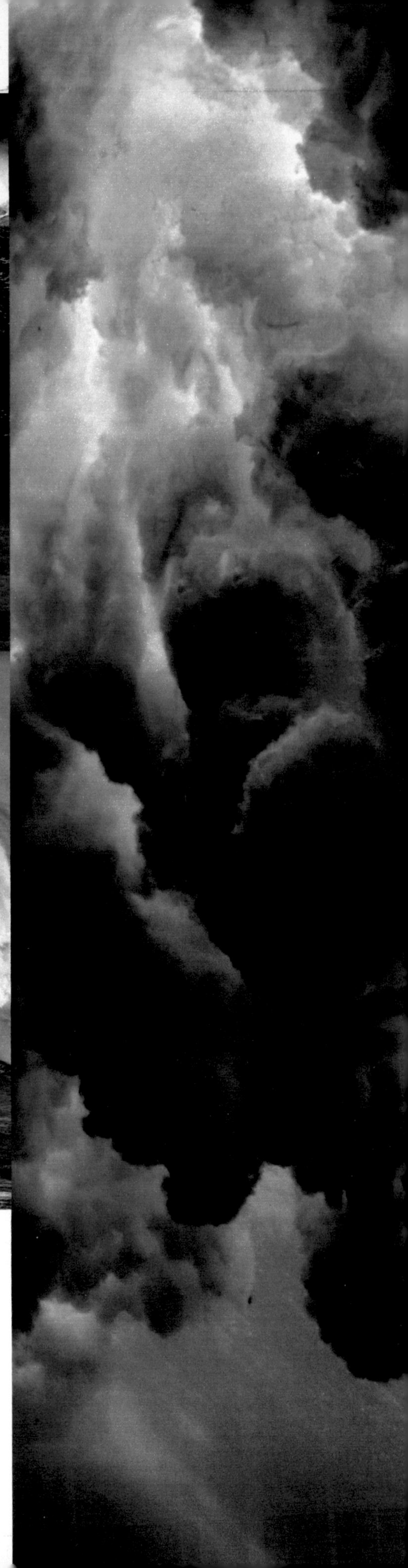

Mit kurzen, leichten Shortboards können Wellenreiter unter heranrollenden Brechern hindurchtauchen (rechts). Bei Jaws ist das unmöglich. Die Welle hat zu viel Kraft. Wer es nicht schafft, schnell genug aus der *impact zone*, in der die Welle bricht (oben), zu paddeln, wird von der Lippe brutal ins Wellental geschleudert

Das Meer öffnet seinen Rachen

In der Werkstatt ihres Freundes repariert Paige Alms ihre Boards. Dutzende davon hat sie in Wellen zerbrochen. Ihr Schultergelenk auch

Z

ZWEIMAL SCHON HAT SIE DIE WELLE VORBEIZIEHEN LASSEN. Hat nur von ihrem Haus aus in fünf Kilometer Entfernung den dumpfen Schlag vernommen, wenn Tonnen von Wasser 15 oder 20 Meter hinab in die Tiefe stürzten; sie hat das Knirschen im Halbschlaf gehört, wenn das tosende Meer die fußballgroßen Steine am Felsstrand wie Kiesel umherschob. Aber sie ist nicht mit ihren Freunden hinausgepaddelt, hat nicht im Line-up mit ihnen darauf gewartet, dass Jaws bricht, jene Welle an Mauis Nordküste, die zwar nicht zu den größten der Welt zählt, aber zu den spektakulärsten.

Vom Logenplatz einer Klippe oberhalb der Bucht beobachten an guten Tagen Hunderte, wie kleine Rillen in der Ozeanfläche auf das Ufer zurollen, aufgescheucht von einem Sturm mehr als 2000 Kilometer entfernt, wie diese Rillen zu drei, vier immer steiler werdenden Wasserbuckeln anschwellen, bevor sie sich über einem Korallenriff zu einem riesigen Wasserschlund aufbäumen – gleich einer Kobra mit einem Nackenschild aus türkisblauem Wasser und Fängen aus zischender Gischt. Daher der Name: Jaws. Rachen, Fänge.

Es ist ein erhebendes Naturspektakel. Und Schauplatz einer Kulturrevolution im Surfsport. Bislang nämlich wurden die Monsterwellen dieser Welt fast ausschließlich von Männern gesurft, die sich von einem Jetski an jenen Punkt auf dem Wellenberg ziehen ließen, von dem aus sie sich ins Wassertal stürzen konnten. Ein Sport, bei dem die Wellen am Abend mit der Anzahl der Biere gern höher wurden. Finanziert von den großen Surf-Modelabels, die mit den braun gebrannten und muskelbepackten Big-Wave-Surfern warben. Sie waren wie die Formel-1-Fahrer im Motorsport. Frauen tauchten nur als Dekoration auf.

Paige Alms aber ist eine Frau, 26 Jahre jung, neben Big-Wave-Legenden wie Laird Hamilton wirkt sie fast zierlich, und sie will die Welle nicht mithilfe eines 150-PS-Motors bezwingen, sondern mit der Kraft ihrer Muskeln. Was nicht nur mehr Ausdauer erfordert, sondern auch sehr viel gefährlicher ist, da sie nicht so schnell ihre Position verändern kann und gleichsam ahnen muss, wo die Wellen brechen – will sie nicht von ihnen begraben werden.

Acht Monate zuvor war Paige in Nordkalifornien von einer Welle minutenlang unter der Oberfläche herumgewirbelt worden. Die Gewalt des Wassers hatte ihr den Arm aus dem Schultergelenk gerissen und den Knochen zersplittert. Ein paar Wochen später sprang sie schon wieder „Threesixties", volle Rotationen des Brettes über dem Wellenkamm, schoss in „Aerials" meterhoch in die Luft. Aber Jaws? Sie lässt die Arme durch die Luft kreiseln und verzieht leicht das Gesicht, als der Schmerz in die Schulter schießt. „Bald", sagt sie. „Ich werde eines Morgens aufwachen und wissen: Heute ist der Tag."

Zwei Wochen später ruft sie an, sie treffe sich mit Freunden, um sich auf Jaws vorzubereiten. Und tatsächlich, in der Doppelgarage eines tropisch umwucherten Bungalows haben sich an dem Abend die besten jungen Wellenreiter der Insel versammelt. Und spielen: Tischtennis. Im Ringelreih-Verfahren. Schläger greifen, Ball spielen, Schläger hinlegen, auf die andere Seite laufen. Und dazwischen möglichst noch einen Schluck aus der Bierflasche nehmen.

Albee Layer, Teddybär an Land, Hulk im Wasser, hat den linken Arm in einer Schlinge, eine Skateboard-Verletzung. Kai Lenny, der als Kind schon auf den Schultern des vielfachen Weltmeisters Robby Naish gesurft ist, humpelt mit einem Gips herum. Bei einem Sturz in Jaws hat ihm die Finne seines SUPs, seines Stand-up-Paddling-Boards, fast die Zehe abgehackt, „wie ein Tomahawk". Er demonstriert es mit einem Schlag der flachen Hand.

Kai und Albee fliegen beim Pingpong als Erste raus. Dann Layers Freundin, als Vierter der surfende Sunnyboy Matt Meola. Paige gewinnt alle vier Runden. „Kein Wunder", sagt ihr Freund Sean Ordonez, 20 Jahre älter, legendärer Surfer und Chef der Surfbrett-Firma S.O.S. „Wenn wir Zoff haben, spielen wir das hier unten aus." Auch da gewinnt sie immer. „Ist auch besser so für mich", grinst er.

Das also soll das Training für Jaws sein, für eine der gefährlichsten Wellen der Welt? Manchmal taucht Paige mit einer Freundin, der Ski-Olympiasiegerin Julia Mancuso, vor Ho'okipa. Dann schnappen sich die Frauen babygroße Steine, drücken sie an die Brust und laufen damit in drei, vier Meter Tiefe am Meeresboden entlang. Fitnesstraning für Nixen.

Wie uncool dagegen, sich mit Hanteln in Form zu halten, wie es die Surfer an der Nordküste von O'ahu tun, die millionenschwere Sponsorenverträge unterzeichnet haben und sich ab und zu Faustkämpfe im Wasser liefern, wenn ihnen jemand die Welle streitig macht. Auf Maui gilt hingegen: „Hang loose, slow down, be happy!" Ihren Lebensunterhalt verdient Paige damit, alte Surfbretter zu reparieren und aus Treibholz bunt bemalte Bilderrahmen zu schnitzen.

ANFANG DEZEMBER taucht ein Fleck in der Wetterkarte auf, die Paige als Startseite auf ihrem Computer dient. Er verfärbt sich von Hell- in Dunkelrot, dann funkelt er violett. Ein Taifun, der Richtung Philippinen zieht. Er peitscht das Wasser mit über zehn Windstärken in alle Richtungen. Doch auf dem Weg über den Pazifik ordnen sich die Wellen, langsamere werden von schnelleren eingeholt und geschluckt, aus der aufgewühlten See wachsen lange Linien, die in Intervallen von zehn bis 20 Sekunden Richtung Hawaii rollen. Was auf den Philippinen Tod und Verwüstung bringt, elektrisiert die Surfer auf Maui: Swell, die Dünung, ist ihre Droge.

In seinem Wohnzimmer in Ha'iku streicht Sean Ordonez mit der Hand über das neue Board, das er für seine Freundin aus einem Polyurethanblock gefeilt und mit einer Epoxy-Hülle glasiert hat. In Pink. Guns heißen diese knapp drei Meter langen Bretter, die nicht so flink zu manövrieren sind wie Shortboards, aber schnell genug, um eine Riesenwelle einzufangen. „Paige", sagt er, „hat einen Instinkt für Wellen wie niemand sonst. Sie fühlt sie im Wasser, wenn sie noch Kilometer entfernt sind." Die so Gelobte liegt derweil auf dem Sofa, knutscht ihren großen schwarzen Hund und lässt sich von ihrem Freund mit Pizzastücken füttern. „Jedes Mal, wenn Paige Jaws surft", sagt er, wacht er an der Seite der Welle mit einem Jetski. Bereit, sofort ins Wellental zu stechen, sollte sie sich verletzen. Stolz ist er auf sie, Angst hat er auch.

Vier Tage später steht Paige in ihrem Neoprenanzug in der Schlucht des Maliko-Flusses. Dieser Morgen hat sich richtig angefühlt. Der Fluss, der hier in den Ozean mündet, ist die einzige Möglichkeit, aufs Meer hinauszukommen, nur hier brechen die Wellen nicht *close-out*, also über die volle Breite, wie an den übrigen Küsten, wo sich zehn bis zwölf Meter hohe Wände auf die Strände zuschieben, unüberwindbar für Boote wie Jetskis.

Ihre Freundin Keala Kennelly ist von Kaua'i angereist. Die beiden sind die einzigen Frauen auf Hawaii, die so große Wellen erpaddeln. Weltweit gibt es vielleicht fünf. Sind Frauen nicht kräftig genug?, fragte das Magazin „Surfer" jüngst unter der Überschrift „Boy's Club". Oder suchen sie nicht in gleichem Maße wie Männer die Gefahr? In männlichen Gehirnen werde bei Gefahr mehr Adrenalin ausgeschüttet als in weiblichen. Fühlten Frauen nicht so intensiv dieses *high*, wenn sie dem Tod von der Schippe gesprungen sind? Fehlt ihnen dieser Kick? Keala zuckt die Schultern: Für Männer lohnten sich Monsterwellen einfach. Jeder neue Rekord bringe Sponsoren, Werbeverträge. Kaum eine Firma hingegen unterstützt Surferinnen. Und wer begibt sich schon in Lebensgefahr, wenn er nicht mal Geld damit verdienen kann? Die beiden Frauen gucken sich an, dann lachen sie: „Wir!"

Sie falten sich gegenseitig Ballonhüllen in ihre Rückentaschen, die sich im Notfall explosionsartig mit Gas füllen. Eine technische Neuerung, von der Lawinenrettung abgeguckt, die den Frauen das Leben retten soll, wenn sie in der Gischt auftauchen, jenem Luft- und Wassergemisch, in das gebrochene Wellen auslaufen und in dem Menschen nicht schwimmen können, wohl aber ertrinken. Doch die Gefahr, über ein scharfkantiges Riff geschleift zu werden, können die →

In Ho'okipa tanzt Paige Alms über das Wasser, versprüht Leichtigkeit. Doch Jaws ist ein anderes Kaliber. Dort geht es ums Überleben

Ballons nicht bannen. Mit 40 Stichen musste Kealas Kopf genäht werden, als sie vor einigen Jahren vor Tahiti in ein Riff gedrückt wurde. Die Narben sind noch deutlich zu sehen.

Dann schieben Sean und ein zweiter Fahrer die Jetskis ins Wasser. Einen Ski für Keala, einen für Paige. Als Sean den Anlasser seines Skis drückt, röchelt der Motor nur, spuckt schwarze Wolken aus dem Auspuff. Und ist tot. Soll das ein Zeichen sein? Ein Signal zur Umkehr? Paige schüttelt den Kopf, sie bindet ihre Gun auf den Jetski des anderen Fahrers. Sean fragt den Mann gar nicht erst, ob er an seiner statt fahren darf. Niemand auf Maui verleiht seinen Ski. Paige gibt ihrer Freundin einen Kuss und zwängt sich hinter sie auf den Sitz. Zur Not kann man auch zu dritt auf so einem Zweisitzer fahren. Aber bei solchen Bedingungen? Sean schluckt und dreht sich um. Er will es nicht mit ansehen.

15 Minuten dauert der Ritt, die ersten sind die schlimmsten, der Ski schlingert in der Brandung, stürzt metertief in die Wellentäler, die Frauen können sich kaum halten, dann beruhigt sich das Wasser, und in einem weiten Bogen bringt sie der Fahrer in die Bucht von Pe'ahi, in der Jaws bricht. Enttäuschte Tow-in-Surfer kommen ihnen entgegen. Sobald die ersten Paddler auf der Welle auftauchen, müssen Jetskis einen großen Sicherheitsabstand einhalten, das schreiben die amerikanischen Seefahrtsgesetze vor.

Die Beziehung zwischen Tow-in-Surfern und Paddlern ist wenig herzlich. Die Heroen von einst, die Jaws dieselumweht bezwungen hatten, müssen jetzt zuschauen, wie Surfer, die den Jetski nicht in den Riesenwellen nutzen, ihnen die Show stehlen und von den Zuschauern auf der Klippe bejubelt werden. „Die surfen ja gar nicht", flucht einer der Tow-in-Surfer, als er in der Maliko-Schlucht wieder an Land tritt. „Die liegen nur im Wasser rum." Die 300 Dollar, die er seinem Jetski-Fahrer für zwei Stunden Spaß in der Welle gezahlt hat – rausgeschmissen.

Sie lebt für diesen Rausch von Sekunden

Im Line-up warten ein gutes Dutzend Surfer, sie unterhalten sich, paddeln vor und zurück, versuchen sich ideal zu positionieren für die großen Wellen, die von den Meteorologen angekündigt sind. Über ihnen knattert ein Helikopter.

Paige und Keala lösen im Wasser ihre langen Surfbretter vom Jetski, befestigen die Leine an ihren Fußgelenken, die verhindert, dass sie das Brett beim Sturz verlieren. Dann gleiten sie mit ein paar langen Zügen zum Pulk. Paige kennt die meisten. Zwei Brüder sind extra aus Spanien angereist, einige Kalifornier am Vorabend eingeflogen. Albee Layer, ohne Verband nun, winkt ihnen zu. Kai Lenny steht aufrecht zwischen ihnen auf seinem SUP.

Ab und zu versucht einer aus der Gruppe eine der Wellen zu reiten, die unter ihnen hindurchgleitet, bevor sie sich 20 oder 30 Meter weiter aufbäumt. Ein paar schnelle Bewegungen mit den Armen, doch die Welle ist noch nicht steil genug. Nur Kai kriegt die ein oder andere mit seinem Paddel.

Nach einer Stunde sanftem Wiegen hinter der *impact zone*, in der die Wellen brechen, sieht Paige plötzlich einen Buckel im Wasser, noch Hunderte von Metern entfernt, der größer ist, als alle vorherigen. Sie ruft ihrer Freundin zu, die beiden Frauen sind viel zu weit vorn für diese Welle. Sie paddeln mit äußerster Kraft, denn innerhalb weniger Sekunden gewinnt der Buckel an Höhe und Gewalt, fünf Meter, acht Meter, die Frauen peitschen mit den Händen durch das Wasser, gegen die immer steiler werdende Wasserrampe an. Auf dem Scheitel der Welle, in vielleicht 15 Meter Höhe, ragt Paiges Board senkrecht in die Luft, für einen Moment sieht es aus, als ob sie in den Wasserschlund zurückkippt, dann gelingt es ihr, das Board nach vorn zu drücken, über den Kamm, in Sicherheit.

A

ALBEE LAYER, VIELLEICHT ZEHN METER HINTER IHR, schafft es nicht mehr. Wenn Wellen auf ein Hindernis wie ein Korallenriff treffen, pressen die Wassermassen nicht nur von hinten und stemmen sich in die Höhe. Die Welle saugt auch das Wasser vor sich auf. In diesem Sog wird Albee mit seinem Board nach oben gezogen, bis fast zur Lippe, dann schleudert ihn die Welle nach unten, zehn, zwölf Meter tief, und stürzt sich tonnenschwer auf ihn. Aus der Gischt schnellt das Brett in die Höhe, bis es durch die Leine am Fuß gestoppt wird, kurz ist der schwarze Neoprenanzug zu sehen, verschwindet wieder, ein Jetski röhrt in den Schaumteppich, und ein paar Sekunden später sitzt Albee schwer atmend auf seinem Board, wie in Trance, aber in Sicherheit.

The *big ones*, die großen Wellen, kommen immer im Set, drei oder vier hintereinander. Paige lässt die zweite und dritte unter sich durchlaufen. Dann wirft sie die Hände vor sich wie beim Schmetterlingsschwimmen, mit weiten, wuchtigen Zügen treibt sie ihr pinkfarbenes Board nach vorn, während sich die Welle unter ihr aufbaut, am Wellenkamm drückt sie es nach unten und springt in die Hocke, fast senkrecht stürzt sie mit dem Brett nach unten, richtet sich auf, steuert mit dem Fuß nach links. Verwirbelungen und Unebenheiten schlagen in ihre Knie wie Schlaglöcher, immer höher baut sich die Welle auf, Paige lässt ihre Finger durch die gläserne Wand neben sich gleiten, die immer schneller an ihr vorbeirast. Dann bricht die Welle über ihr, umhüllt sie wie ein Fass, aus dem sie schließlich an der Schulter der Welle herausschießt. Und die Arme in die Luft reißt.

Es ist ihr einziger Ritt an diesem Tag. Acht Sekunden hat er gedauert. Acht Sekunden, für die sie früh am Morgen aufgestanden ist, um Jetski und Boards zu verladen, für die sie an diesem Tag fünf Stunden auf dem Wasser verbringt, und für die sie jahrelang trainiert hat. „Natürlich", sagt sie, „ist es das wert. Wenn du Surfer bist, hoffst du dein ganzes Leben auf diese acht Sekunden." ■

Das rhythmische Donnern von Jaws hörte auch GEO-Redakteur **Florian Hanig** manchmal im Halbschlaf in seinem Haus. Am Ende seines halbjährigen Sabbaticals auf Maui hatte er Übung darin, den steilen und staubigen Feldweg hinab zur Klippe zu finden. Besucher fragen am besten in den Surfershops von Pa'ia nach einer Mitgefahrgelegenheit.

HÄUSER
SETZEN DEM ANDERSDENKEN EIN DENKMAL.
HÄUSER.
DAS MAGAZIN FÜR ARCHITEKTUR & DESIGN.
HÄUSER
Das Magazin für Architektur & Design
BRETAGNE: FAMILIENHAUS MIT DER NATUR IM BLICK
BELGIEN: ALTER GUTSHOF GROSSARTIG VERWANDELT
LOS ANGELES: VISIONÄRER MID CENTURY BUNGALOW
TOKIO: MODERNE MEGACITY MIT TRADITION
KÜCHE
Neue Möbel für die Kochwerkstatt
RICHTIG GUT GEPLANT!
VON BAUHERREN LERNEN: VIER ERFAHRUNGSBERICHTE

Die Hotel Street ist der Broadway von Chinatown. In den Seitenstraßen verstecken sich kleine Läden wie der Mojo Barbershop (rechts), wo Bier zum Haarschnitt gereicht wird

MEIN CHINATOWN!

Ein König aus Neuseeland und eine chinesische Bürgermeisterin ringen um die Zukunft von Honolulus Altstadt. Er baut die Gegend zum Szenekiez um, sie verteidigt ihren asiatischen Charakter. Dabei kommt heraus: das spannendste Viertel der Hauptstadt

FOTOS **OLIVIER KONING** TEXT **VERONICA FRENZEL**

Das Café Manifest versorgt Honolulus Kreative wie den Designer Andy South am Tage mit Koffein, abends mit Drinks

Das Restaurant Wo Fat (rechts) hat seit Jahren geschlossen, in den Tattoo-Studios lassen sich die jungen Wilden tätowieren

Der »König«: David Stewart in seiner Bar eleven44, in der sich Honolulus Szene trifft

WIE WÄR'S mit diesem Motto: Freaky Circus Fun?", fragt der König von Chinatown – 65 Jahre alt, blond-graue Haare, müde wirkende Augen – in die Runde. In diesem Jahr feiert er sein 20-jähriges Jubiläum, die Party soll richtig krachen. Mit zwei Mitarbeitern sitzt er in seiner Zentrale, dem Lokal Du Vin. Vor ihm steht ein Bier, eine warme Brise weht durch die offene Tür herein, im Hintergrund säuselt leise Nu Jazz. Die bärtige Burlesque-Tänzerin könnte er einladen, die schon mal bei einer seiner Mottopartys aufgetreten ist. Auch die löwenhafte Verführerin mit Netzstrumpfhose und die wild tätowierte Stelzengeherin.

Der König heißt David Stewart. Vor rund 35 Jahren segelte er aus seiner Heimat Neuseeland in die Hauptstadt von Hawaii. Und seit er Anfang der 1990er Jahre das erste seiner derzeit drei Lokale in Honolulus Chinatown aufgemacht hat, ist aus dem überschaubaren Kiez unaufhaltsam ein Szeneviertel geworden. Heute sind die 15 Häuserblocks, die man binnen einer halben Stunde erkundet hat – 15 kleine Quadrate, eingeklemmt zwischen Hafen und Downtown –, die hippste Gegend von Honolulu. Heiß begehrt: die Wohnungen und Ateliers in den zweistöckigen Häusern aus den Anfängen des vorigen Jahrhunderts.

Als Stewart die Gegend für sich entdeckte, galt Chinatown als No-go-Area, als schmuddelig, unheimlich. Das gut situierte Honolulu mied den Randbezirk am Hafen der Stadt. Dass dort seit den 1980er Jahren Galerien Kunst zeigten, interessierte damals kaum jemanden. Genauso wenig, dass dort einige der ältesten Gebäude der Stadt standen. Es war die Gegend der Prostituierten, der Dealer, der Obdachlosen.

Während der König noch über weitere *special guests* für seine Jubiläumsfeier nachdenkt, verdunkelt sich sein Gesicht. Er zieht die Augenbrauen zusammen, sein Mund wird zu einem schmalen Strich. „Vielleicht lassen wir die Party auch sein", sagt er plötzlich. „Vielleicht ist es an der Zeit, woanders hinzugehen."

Wie bitte? Er will weg aus diesem Viertel, das doch so cool ist wie Brooklyn und überdies mitten in einem tropischen Paradies liegt, wo es niemals zu kalt und niemals zu warm ist, wo der Regen allein zur Erfrischung da zu sein scheint und der Wind, um sanft die Palmen zu wiegen?

SCHON KURZ NACHDEM Stewart 1994 mit einem Partner das Lokal Indigo eröffnet hatte, strömten die Menschen aus der ganzen Stadt herbei. Nun war ihnen egal, dass es in Chinatown Prostituierte und Dealer gab.

Fragt man David Stewart nach seinem Erfolgsrezept, dann erklärt er: „Ich gebe den Leuten immer einen richtig guten Grund, zu mir zu kommen." Das Indigo bot mindestens drei davon: exquisite eurasische Fusion-Küche, eine schicke Terrasse im Innenhof und Martini-Happy-Hours. Mit der Wiedereröffnung des Hawaii Theater an der Grenze zu Downtown als Konzert- und Varietébühne kam 1996 ein weiterer Grund hinzu.

In den folgenden Jahren machte David Stewart zwei Clubs auf, die mit unverputzten Backsteinwänden an New Yorker Bars erinnerten. Auch andere trauten sich nun nach Chinatown – Kneipiers, Künstler, weitere Galeristen. Die Vorhut der Gentrifizierung. Und es geschah, was auch in den Chinatowns von San Francisco, Seattle oder New York passierte: Die neuen Bewohner verdrängten die alteingesessenen, die Obdachlosen, die Prostituierten, die Dealer und auch die Einwanderer. Sie →

Die Boutique Homecoming in der South King Street hat viele Follower auf Instagram – wegen der verspielten Bikinis und Tops. Und eines sehr kuscheligen Mopses

polierten die Gegend und machten sie interessant für Investoren.

Vom Schmuddel ist heute kaum mehr etwas übrig geblieben. Ein paar Obdachlose sitzen noch in Hauseingängen. Eine Spelunke hat überlebt, die Smith's Union Bar in der North Hotel Street, die angeblich älteste Bar der Insel. Die Fassaden der übrigen historischen Häuser aber sind neu verputzt, die gebogenen Giebel frisch gestrichen.

Der Besitzer des Café Manifest in der North Hotel Street gewann gerade einen nationalen Wettbewerb als bester Barkeeper. In der North Pauahi Street hat ein Bioschokoladenladen aufgemacht, mit Produkten von den Inseln. Um die Ecke soll im kommenden Jahr wohl ein französisch-hawaiianisches Restaurant eröffnen. Französische Küche ist in Chinatown en vogue.

Im Du Vin ruft der König nach ein paar Grübelminuten aus: „Wir feiern! Freaky Circus Fun!" Trotzig erklärt er, dass er aus der Gegend noch das Soho von Hawaii machen werde. Und offenbart dann den wahren Grund für seinen Unmut. „Wenn bloß diese chinesische Bürgermeisterin nicht wäre!" Dass der König manchmal keine Lust mehr auf sein Chinatown hat, liegt an den Chinesen.

HONOLULUS CHINATOWN ist gespalten in Süd und Nord. Die Grenze verläuft entlang der Smith Street, mitten durchs Viertel. Nur der Süden ist in den Händen von Stewart, der Kneipiers, Boutiquenbesitzer und Künstler. Im Norden des Viertels halten sich die Asiaten. Auf den Ladenschildern prangen chinesische, japanische und koreanische Schriftzeichen. In schmalen Geschäften reihen sich bis unter die Decke Gläser voller Kräuter und Wurzeln, praktizieren chinesische Ärzte in weißen Kitteln Akupunktur und Aderlass. Auf dem O'ahu-Markt, dem Fleischmarkt, hängen Hühnerköpfe und Schweinefüße.

Im traditionellen Chinatown regiert Chu Lan Shubert-Kwock, die die Chinesen auch „die Bürgermeisterin von Chinatown" nennen. Sie ist Stewarts Gegenspielerin. Sie will den Vormarsch der Kneipiers und Kreativen verhindern, den asiatischen Charakter bewahren. Sie will, dass im Norden nicht an *artists* vermietet wird. Mit dem Wort meint sie nicht nur Künstler, sondern auch Bar- und Boutiquebesitzer. Aus ihrem Mund klingt es wie ein Schimpfwort.

Aus ihrer Geburtsstadt Singapur war Shubert-Kwock Mitte der 1970er Jahre nach Australien gezogen. Dort hatte sie einen Amerikaner geheiratet, mit ihm ging es dann weiter nach Hawaii. Sie bestand damals auf einer Wohnung in Chinatown, weil sie sich dort zu Hause fühlte, eröffnete ein Maklerbüro, gründete wenig später den Verein der Einzelhändler von Chinatown. Heute fehlt die 63-Jährige auf keiner Veranstaltung im Norden des Viertels.

Dass Asiaten und Amerikaner sich Chinatown teilen, ist nicht neu. Mitte des 19. Jahrhunderts bauten vor allem chinesische Einwanderer ein paar Häuser am Hafen von Honolulu, die amerikanischen Plantagenbesitzer hatten sie als Arbeiter geholt. Wenig später legten Schiffe mit amerikanischen Touristen im Hafen an. Ihnen folgten Bar- und Bordellbetreiber in das rasch wachsende Viertel. Die Chinesen passten sich an, knüpften Leis, die hawaiianischen Blumenkränze, servierten günstiges Essen. Chinatown war in Honolulu auch damals schon ein Synonym für Vergnügen und Shopping.

Anfang der 1960er Jahre eröffnete ein neues Terminal am Flughafen von Honolulu, kurz darauf das erste Einkaufszentrum bei Waikiki, nahe den Strandhotels. Man fuhr vermehrt mit dem Auto. Das Hafenviertel lag jetzt abseits aller Wege. Asiaten der zweiten und dritten Generation fanden Jobs außerhalb der chinesischen Enklave, zogen weg. Häuser verwahrlosten, die Stadtverwaltung beschloss, Chinatown abzureißen und Hochhäuser dort wachsen zu lassen.

Da setzten sich ein paar Amerikaner, allen voran die Journalistin Nancy Bannick, für das historische Viertel ein. Erfolgreich. 1973, ein paar Hochhäuser waren da schon gebaut, setzte die Stadt Chinatown auf die Kulturdenkmal-Liste.

Investoren blieben fortan fern, aus Angst vor den teuren Auflagen für die Sanierung der alten Häuser. Stattdessen kamen religiöse Wohlfahrtsvereine, Suppenküchen, Drogenabhängige, Obdachlose. Und neue Einwanderer aus Asien. In den 1970ern flüchteten Vietnamesen in Honolulus Chinatown, später kamen Koreaner und Philippiner. Sie zogen in den Norden von Chinatown, dorthin, wo die Märkte waren, wo sie günstig einen Laden mieten, Geld verdienen konnten. →

Auf der Dachterrasse dieses Hauses in der 39 North Hotel Street wird bald ein neues Restaurant eröffnen, wahrscheinlich mit einem Menü, so bunt wie die Klientel: thai-französisch? Karibisch-hawaiianisch? Oder doch italienisch-japanisch?

In der Kekaulike Mall kaufen die Anwohner ihr Gemüse, im Dragon Upstairs wird gepflegter Jazz gespielt

Beim Chinesischen-Neujahrs-Umzug (rechts) haben alle Spaß, die Smith's Union Bar gilt als erste Adresse für den abendlichen Absturz

Die »Bürgermeisterin«: Chu Lan Shubert-Kwock möchte, dass Chinatown asiatisch geprägt bleibt

AN EINEM SAMSTAGVORMITTAG im Juni verleiht die Bürgermeisterin in der chinesischen Schule von Chinatown Abschlusszeugnisse an acht 17-Jährige in blau-weißen Uniformen, Kinder aus Familien der ersten, zweiten und dritten Generation chinesischer Immigranten. Parallel zur Highschool haben sie Chinesisch gelernt, die Geschichte Chinas studiert und die konfuzianischen Werte.

Chu Lan Shubert-Kwock trägt einen roten Rock, rote Pumps, die Lippen rot. Auch die Haare hat sie rötlich braun gefärbt. Auf Englisch preist sie die Bedeutung der chinesischen Sprache in der globalisierten Welt. Dann erklärt sie, mit lauter, ein wenig greller Stimme: „Damit wir amerikanische Chinesen unsere Identität voll entfalten können, müssen wir unsere Wurzeln kennen, sie pflegen. Wir müssen um sie kämpfen."

Weiter zum nächsten Termin. Zur chinesischen Gesellschaft Lum Sai Ho Tong, mit deren Präsident sie ein chinesisches Altenheim plant. Das Clubhaus liegt nur zwei Straßen von der Schule entfernt, die Bürgermeisterin fährt mit dem Auto.

Sie parkt den Wagen und sagt: „Der Lebensstil der Menschen, die Kartoffeln essen, passt nicht zu unserem, die wir Reis essen." Sie erklärt: „Chinatown ist für Einwanderer ein wichtiger Ort." Es ist ein Zuhause in der Fremde, wo jeder seine Sprache sprechen, seine Lebensmittel kaufen kann. Dann stöckelt sie die roten Stufen empor, zum Büro des Präsidenten.

„Gegen die Chinesen habe ich im Grunde nichts", sagt später David Stewart. Er steht vor seinem Lokal und bläst Rauchringe in die Luft. Aber sie haben seiner Meinung nach kein historisches Anrecht auf Chinatown. „Wenn jemand die Miete zahlen kann und einen funktionierenden Businessplan vorlegt, dann soll er den Laden bekommen – auch wenn der im Norden liegt."

Eine Gruppe japanischer Touristinnen trippelt auf Stewart zu. Die Anführerin mit blauem Haar wedelt mit einer Zeitschrift, tippt mit dem Zeigefinger auf das Bild einer Modeboutique, umrankt von Schriftzeichen. „Ach, das ist das Fighting Eel", sagt Stewart und zeigt die Straße hinunter.

Ein paar Tage später steigt die First-Friday-Party, wie jeden ersten Freitag im Monat. Eine Handvoll Galeristen hat die Veranstaltung vor mehr als zehn Jahren ins Leben gerufen. Mit Wein, Häppchen und langen Öffnungszeiten wollten sie mehr Menschen in die Gegend locken, in der Hoffnung, irgendwann auch mehr Kunst zu verkaufen. Vor ungefähr fünf Jahren kaperte David Stewart das Event. Er holte Live-Musiker in seine Lokale, verlängerte die Happy Hour, organisierte Mottopartys. Die anderen Wirte zogen nach. Mittlerweile ist der First Friday eine Riesenfeier, mit mehr als 1000 Besuchern am Abend.

Es ist der Tag, an dem der König seine Macht in Chinatown demonstriert. Und die Bürgermeisterin sich machtlos fühlt.

VIER JUNGE FRAUEN staksen untergehakt über die North Hotel Street, auf hohen Hacken und in bunten Minikleidern. Eine von ihnen wedelt mit einer Flasche, die sich in einer Papiertüte verbirgt, immer wieder brechen sie in lautes Lachen aus, dabei beugen sie sich so weit nach vorn, dass sie fast hinfallen. Die vier steuern auf das Ende einer etwa 100 Meter langen Schlange zu, die sich vor der Bar 35 aufgestaut hat.

Drinnen sitzt David Stewart auf einem Barhocker am Tresen, breitbeinig, die sonst so müden Augen jetzt hellwach. →

Elektro-Musik wummert, Lichter zucken. Auf der Tanzfläche vor ihm windet sich eine üppige Frau mit schmaler Taille im Schlauchkleid, umschwirrt von jungen Männern.

Der Barkeeper knallt ein neues Bier vor Stewart. Der trinkt, grinst. Auf keinen Fall würde er sein Chinatown jetzt gegen London-Soho tauschen. Später erzählt er, dass er für den nächsten Abend Mitarbeiter von vier Hotels in Waikiki eingeladen hat, zu einer Tour durch Chinatown. „Wenn alles nach Plan läuft, schicken sie noch diesen Sommer ihre Gäste zu uns", brüllt er. „An mehreren Abenden in der Woche!" Auf ein Zeichen steht noch ein Bier vor ihm. Die Bürgermeisterin ist weit weg.

FRÜH AM NÄCHSTEN MORGEN, David Stewart liegt noch nicht lange im Bett, läuft Chu Lan Shubert-Kwock in ihren roten Pumps durch die North Hotel Street. Sie sucht nach Spuren der Zerstörung. Wie immer an den First Fridays hat sie kaum geschlafen. Das Gejohle, die laute Musik. Die Wut darüber, dass die Künstler, vor allem dieser König von Chinatown, an diesem Abend das Viertel übernehmen, rücksichtslos.

Sie bleibt stehen, verzieht das Gesicht. Auf dem Bürgersteig klebt Erbrochenes. Aus ihrer roten Tasche zieht sie ihr Handy, macht ein Foto. Sie will es auf dem nächsten der Nachbarschaftstreffen zeigen, zu denen auch ein paar Kneipiers und Boutiquebesitzer gehen, aber David Stewart schon lange nicht mehr erschienen ist. „Die Künstler dürfen uns nicht terrorisieren!" Es klingt ein wenig hilflos. Und so strafft sie die Schultern. „Ich werde um Chinatown kämpfen. Bis zum Schluss!"

Plötzlich setzt einer der für Honolulu so typischen tropischen Regenschauer ein, die einen nicht kalt durchnässen, sondern erfrischen. Nach ein paar Minuten ist auf dem Bürgersteig von den Spuren der Party nichts mehr zu sehen. ■

Ihren Jetlag empfand Autorin **Veronica Frenzel** in Chinatown als Vorteil. Als sie um fünf Uhr morgens schlaflos durch die Straßen lief, räumten Chinesen gerade Regale ein und Nachtschwärmer kehrten heim.

Das Chinatown von »König« und »Bürgermeisterin«

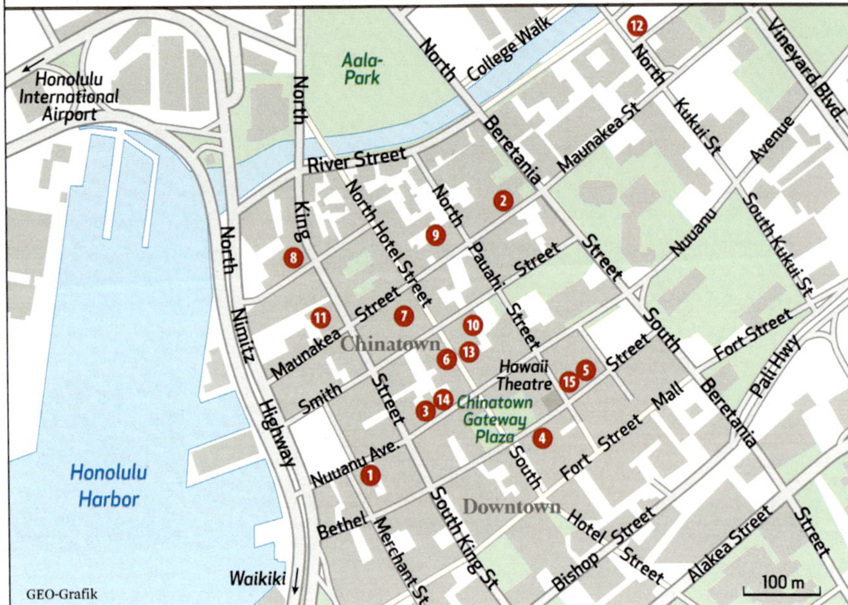

David Stewarts Empfehlungen

❶ **Murphy's Bar & Grill,** 2 Merchant Street, murphyshawaii.com. Mein Lieblings-Irish-Pub, in dem ich Fish and Chips oder Shepherd's Pie bestelle.

❷ **Duc's Bistro,** 1188 Maunakea Street, ducsbistro.com. Ménage-à-trois: Hier verbinden sich die Küchen Frankreichs und Vietnams, gekocht wird mit hawaiianischen Zutaten. Gebratene Entenbrust an Grand-Marnier-Orangenschalen-Soße etwa.

❸ **Tea at 1024,** 1024 Nuuanu Avenue, teaat1024.net. Hat eines der größten und besten Teeangebote der Inseln – ein guter Ort für den Afternoon Tea.

Am häufigsten bin ich natürlich in meinen Lokalen: Oft trinke ich im Innenhof des ❹ **Bistro Du Vin**, 1115 Bethel Street, brasserieduvin.com, einen Wein zum Croque Monsieur, später sehe ich im ❺ **eleven44**, 1144 Bethel Street, eleven44hawaii.com, oder in der ❻ **Bar 35**, 35 North Hotel Street, bar35hawaii.com, nach dem Rechten.

Tipps von Chu Lan Shubert-Kwock

❼ **Bo Wah Trading**, 1037 Maunakea Street. Hier kaufe ich gern Lebensmittel: Von Sojasoße bis hin zu traditionellem Mondkuchen ist alles im Sortiment.

Für Fleisch den ❽ **O'ahu-Markt** ansteuern, Chinatowns ältesten Markt; für Gemüse, Obst und Fisch den ❾ **Maunake'a-Markt**. Dort an einem der vielen Obststände einen frisch gepressten Saft holen. Etwa aus Taro, der hawaiianischen Traditionsknolle. Wenn Sie Hunger auf klassisch chinesische Gerichte wie Sweet-and-Sour-Pork haben, empfehle ich ❿ **Little Village Noodle House**, 1113 Smith Street, littlevillagehawaii.com. Leckere Meeresfrüchte-Teller und die köstlichsten Dim Sums gibt es im ⓫ **Golden Palace**, 111 N King Street.

⓬ **Lum Sai Ho Tong**, 1315 River Street: Wenn ich Ruhe will, gehe ich in diesen daoistischen Tempel. Dort beten Alte und Junge, Chinesen und Vietnamesen.

Veronica Frenzels Favoriten

Unsere Autorin verbrachte ihre Pausen am liebsten im ⓭ **The Manifest**, 32 North Hotel Street, manifesthawaii.com.

⓮ **Tin Can Mail Man**, 1026 Nuuanu Avenue, tincanmailman.net. Vintage-Boutique, in der es Hawaii-Mitbringsel gibt: alte Postkarten, Aloha-Hemden, Bücher, aber auch Antiquitäten und Schallplatten. Schmuck mit Steinen aus Hawaii bietet ⓯ **Ginger 13**, 22 South Pauahi Street, ginger13.com.

GEO Abo

Eine Auswahl für jeden Anspruch.

Jetzt eine oder mehrere GEO-Zeitschriften frei Haus sichern und bis zu 12 % sparen.

GEO SPECIAL
Länder, Städte und Regionen: das Magazin für fundiertes Reisewissen. 6x im Jahr.
Selbst lesen: 111 2051/**Verschenken:** 111 2052

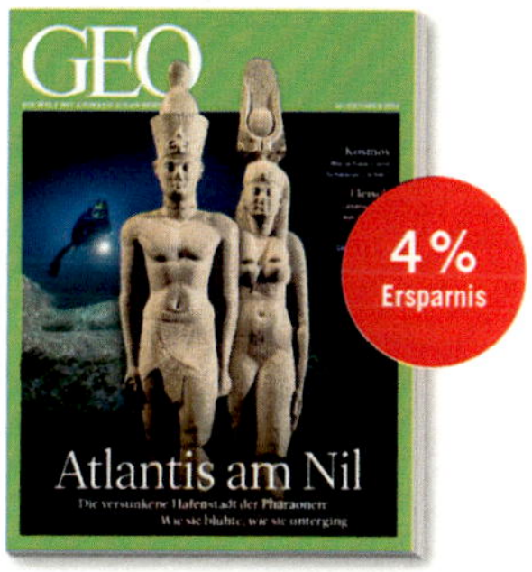

GEO
Die Welt erkennen, die Welt verstehen: in großartigen Fotoreportagen. 12x im Jahr.
Selbst lesen: 111 2385/**Verschenken:** 111 2387

GEOkompakt
Alle Bausteine für Ihre Bibliothek des Wissens. 4x im Jahr.
Selbst lesen: 111 2392/**Verschenken:** 111 2393

GEO SAISON
Das multithematische Reisemagazin für Entdecker. 12x im Jahr.
Selbst lesen: 111 2400/**Verschenken:** 111 2401

GEO EPOCHE
Die spannendsten Seiten unserer Geschichte. 6x im Jahr.
Selbst lesen: 111 2388/**Verschenken:** 111 2389

GEO WISSEN
Relevante Bereiche der Wissenschaft. 2x im Jahr.
Selbst lesen: 111 2402/**Verschenken:** 111 2403

GEOlino
Deutschlands größte Kinder-zeitschrift. Für alle ab 8 Jahren.
Selbst lesen: 111 2394/**Verschenken:** 111 2395

GEOlino extra
Ein Heft, ein Thema. Für Jungen und Mädchen ab 8 Jahren.
Selbst lesen: 111 2396/**Verschenken:** 111 2397

GEOmini
Das Magazin für neugierige Erstleser ab 5 Jahren.
Selbst lesen: 111 2398/**Verschenken:** 111 2399

+

Retro-Dockingstation

GRATIS dazu

- ✓ Ein Geschenk GRATIS
- ✓ Lieferung frei Haus
- ✓ Ein oder mehrere Magazine Ihrer Wahl
- ✓ Ideale Geschenkidee

GEO-Magazine online bestellen und noch mehr Angebote nutzen unter

www.geo.de/familie

Per Telefon: (bitte die Bestell-Nr. angeben)

+49 (0)40/5555 89 90

Verlag: Gruner + Jahr AG & Co. KG, Alexander Schwerin, Am Baumwall 11, 20459 Hamburg. AG Hamburg, HRA 102 257.
Vertrieb: Belieferung, Betreuung und Inkasso erfolgen durch DPV Deutscher Pressevertrieb GmbH, Nils Oberschelp (Vorsitz), Heino Dührkop, Dr. Michael Rathje, Düsternstraße 1, 20355 Hamburg, als leistender Unternehmer. AG Hamburg, HRB 95752.

Das erste Hemd westlichen Zuschnitts kam wohl 1778 mit James Cook nach Hawaii. Der letzte Schrei heute: »Gold & Blue« von Roberta Oaks

Stoff der Zukunft

Gestern noch Faschingskostüm, heute auf dem Laufsteg: Das Hawaiihemd erlebt ein spektakuläres Comeback. Eine späte Genugtuung für Autor Markus Wolff, der einst mit seinen Shirts in Technicolor die natürliche Farbpalette Westfalens bereicherte

MEINEM ERSTEN HAWAIIHEMD begegnete ich als Kind an einem späten Herbstabend. Von da an sah ich es wöchentlich in Variationen, aber immer zur gleichen Zeit. Der Mann, der die Hemden trug, hieß Thomas Sullivan Magnum IV, aber jeder nannte ihn nur Magnum. Er lebte auf Oʻahu, wo er als Privatdetektiv arbeitete und regelmäßig in die größten Schlamassel geriet, aus denen er sich zu meiner Verblüffung ebenso regelmäßig in exakt einer TV-Serien-Länge befreien konnte.

Magnum war ein imponierender Mann. Er fuhr einen Ferrari, trug einen sorgsam gestutzten Schnauzbart und hatte in etwa genauso viele langbeinige Freundinnen wie kurzärmelige Hemden. Mal waren sie rot und mit Palmen und Papageien bedruckt, mal mit opulenten Blüten. Aber selbst das zarteste Motiv hielt ihn nicht davon ab, Kriminellen notfalls mit gebotener Härte einen Schlag mit der Faust zu verpassen.

Nun ist es für einen 14-Jährigen in Westfalen weitaus leichter gewesen, an ein Hawaiihemd als an einen Schnauzbart zu kommen (von einer langbeinigen Freundin ganz zu schweigen). Und so besaßen wir in der Schule bald darauf alle eines, zumindest alle, die Magnum in den Fächern Mut, Lässigkeit und Charme als den einzig wahren Lehrer betrachteten. Wir trugen Hemden mit grellbunten Wellen und Stränden, Kreuzfahrtschiffen oder riesigen, tropischen Cocktails; es waren die auffälligsten geheimen Erkennungszeichen, die man sich vorstellen kann.

Schon bald darauf kleideten sich aber nicht nur Magnum-Fans in diesem Stil, sondern alle, die vielleicht hofften, dass durch diese Mode in der Heimat ein Stück hawaiianische Unbeschwertheit Einzug halten würde. Sogar unseren Nachbarn sah ich plötzlich in einem Hawaiihemd, das er wie zum Trotz gegen den westfälischen Regen trug und in dem er so selbstverständlich die Straße entlangspazierte, als ginge er zum Waikiki Beach und nicht zum Discounter.

Aber irgendwann wurde „Magnum" abgesetzt. Und so wie die Serie aus dem Fernsehprogramm verschwand, so verschwand das Hawaiihemd aus den Geschäften. Häufig landete es, wie bei uns zu Hause, in der Karnevalskiste. Das Shirt war vom Trend zur Klamotte geworden. Man trug es nicht mehr als Ausdruck eines Lebensgefühls, sondern als Witz und sah es nur noch an Jürgen von der Lippe und anderen Menschen, die modischen Trends ohnehin gern etwas Vorsprung lassen.

Selbst bei den nicht gerade für ihren guten Geschmack bekannten „Simpsons" war es inakzeptabel geworden. „Marge!", ruft Homer seiner Frau in einer Folge zu, „unser Sohn hat heute ein Hawaiihemd getragen! So was tragen nur Schwule oder dicke, fette Partybären! Und Bart sieht nicht aus wie ein dicker, fetter Partybär!" Marge: „Und du darfst deshalb Hawaiihemden tragen?" Homer: „Genau."

Aus der Distanz warf ich so zum ersten Mal einen unverstellten Blick auf das Kleidungsstück, das ich mir über Monate mit größter Selbstverständlichkeit übergestreift hatte: ein grotesk großes, zeltartiges und gerade geschnittenes Stück Stoff mit ebenfalls geradem Saum und breiten Ärmeln, aus denen sogar die Arme des dicksten Menschen wie die Ärmchen eines Abgemagerten herauslugen. Wer denkt sich so etwas aus?

ES GIBT VIELE MYTHEN, die sich um das Hawaiihemd, das auf Englisch *aloha shirt* genannt wird, ranken. Ein Märchen ist, dass es eine Idee entsetzter Missionare war, die einst den Anblick nackter Hawaiianer nicht ertrugen und so das Hemd als eine Art farbenfrohes Feigenblatt ersannen. Weitaus wahrscheinlicher dagegen, dass es Nachfahren jener Immigranten erfanden, die im 19. Jahrhundert zu Zehntausenden aus China und Japan nach Hawaii einwanderten, um in der Zuckerrohr- und Ananasindustrie zu arbeiten. Viele von ihnen schneiderten neben der Feldarbeit noch Kimonos und Hemden und besserten so ihr Einkommen auf; die Basis für eine im Laufe der Jahre immer größer werdende Textilindustrie.

Doch die Frage, wer das klassische Hawaiihemd als Erster schneiderte, ist ungefähr mit dem immerwährenden Streit vergleichbar, wer in Deutschland eigentlich als Erster würzige Tomatensoße über eine klein geschnittene Wurst goss. Das Hawaiihemd ist sozusagen die Currywurst des Pazifik.

An Versionen mangelt es jedenfalls nicht, und Stoff für Hemden ist offenbar genauso reichlich vorhanden wie für Legenden. Tatsache ist, dass sich die hawaiianische Mode am Ende der 1920er Jahre wandelte. Waren bis dahin Anzüge und Kleider aus weißem Segeltuch oder Leinen und später aus einfarbiger Naturseide en vogue, wurde nun farbenfrohe Kleidung modern. Die Nachfrage stieg vor allem bei jungen Hawaiianern, besonders aber bei Touristen, die sich Andenken an eine →

unbeschwerte Inselzeit wünschten. Das Hemd als Stoff gewordener Sehnsuchtsort des unberührten Paradieses. Hula-Tänzerinnen, blutorangerote Sonnenuntergänge und laue Nächte, bei denen man sich nur an die Cocktails und nicht an den morgendlichen Kater erinnert. Ein Hawaiihemd war dafür wie gemacht. Oder genauer gesagt: wurde dafür gemacht.

Die erste Anzeige für ein *aloha shirt* erschien im Juni 1935 im „Honolulu Advertiser". Schon ein Jahr später wurde der Name von einem Konkurrenten für zwei Jahrzehnte geschützt. Das Hawaiihemd hatte es nun vom Markenzeichen für entspannten Lebensstil zum Warenzeichen geschafft, was einigen Produzenten vermutlich aus Ärger den Kragen platzen ließ. Vielleicht auch nicht. Schließlich ist gerade die Kragen-Partie bei Hawaii-Shirts weit geschnitten.

Die Hemden-Produktion kurbelte jedenfalls auf den Inseln die Textilbranche an; schon 1936 gab es allein in Honolulu 275 Schneider. Und die Nachfrage wuchs, das Hawaiihemd wurde zur Uniform der Zwanglosigkeit. Surfer trugen es genauso wie Urlauber oder Prominente. Micky-Maus-Erfinder Walt Disney zum Beispiel und Bing Crosby. Selbst Präsident Truman, der sich im Urlaub angeblich bewusst für knallbunt bedruckte Hemden entschied, griff zu. Wie Montgomery Clift, der vor seinem Filmtod in einem palmenreichen Hemd durch den Klassiker „Verdammt in alle Ewigkeit" eilt.

Zum ganz großen Durchbruch verhalf dem *aloha shirt* aber schließlich Elvis Presley. Gekleidet in ein rot-weißes Hemd, spielt er auf seinem Album „Blue Hawaii" Ukulele und blickt dabei so verträumt, als sei das mit dem Rock 'n' Roll nur ein großes Missverständnis gewesen.

So schwappte die Hawaiihemd-Welle um die ganze Welt, jahrelang, lief irgendwann aus – um jetzt mit Wucht zurückzukehren. Miuccia Prada zeigte in ihrer Kollektion weit geschnittene und mit floralen Motiven bedruckte Kurzarmhemden. Auch bei Stella McCartney und Givenchy stolzierten kürzlich Models in bunten Blumendrucken über den Laufsteg, wie man sie zuletzt auf Polizeifotos von Schauspieler Nick Nolte im Drogenrausch gesehen hatte, nachdem dieser von der Polizei aufgegriffen worden war.

Die wahre Avantgarde, die Trendsetter sind dennoch nicht die Stardesigner, die großen Marken. Denn während das Hawaiihemd lange verschwunden schien, arbeiteten vor allem kleine Designer auf den Inseln unbeirrt an seiner Weiterentwicklung. Frauen wie Roberta Oaks. Gebürtig aus Missouri, strandete diese nach einem Neuseeland-Aufenthalt auf Hawaii, wo sie zunächst Damenmode entwarf. 2009 begann sie mit ihrer ersten Kollektion von Hawaiihemden für Männer. Aloha-Mode war zu diesem Zeitpunkt noch keineswegs cool, wie Oaks in einem Interview erzählt. Aber in den Metropolen auf dem Festland begann eine neue, junge Generation die Muster wieder für sich zu entdecken. Und es ist einfach „das Aloha-Muster, das ein Aloha-Hemd zum Aloha-Hemd macht", sagt Oaks. Viel Zeit investiert sie daher in deren Entwürfe. Und mischt schon mal Palmen mit Tigerfell-Tupfen. Oder traut Männern ein Babyblau mit kleinen japanischen Blüten zu. Mit Erfolg. Roberta-Oaks-Shirts trägt, wer sich als Trendsetter und keineswegs als Resterampe fühlt.

Und das Aloha-Muster ist längst nicht mehr nur ein Privileg der Männer. Schließlich gibt es Jeffrey Yoshida, der in seiner Zeit als Designer in New York damit begann, Vintage-Mode mit hawaiianischem Stil zu kombinieren. Inzwischen lebt der gebürtige Hawaiianer wieder in seiner Heimat. Dort entwirft er elegante Aloha-Kleider für Frauen, deren Garderobe Glamour und Haltung ausstrahlen soll. Ein bisschen Audrey Hepburn oder Grace Kelly, viel Hawaii.

Was Aloha-Mode ausmache? Jeffrey Yoshida hat seine eigene Erklärung: „Es wäre einfach zu sagen: Das sind die hawaiianischen Muster", sagt er. „Aber die sind vermutlich gar nicht das Entscheidende. Es ist vielmehr das Stoff gewordene Gefühl, wie wir hier auf den Inseln leben."

In einer trendbewussten Münchener Boutique kann man neuerdings für 119 Euro ein Original-Magnum-Hemd bestellen: „Aloha from Paradise. Rotes Hawaiihemd mit Orchideen von Paradise Found. Made in Hawaii, Knöpfe aus Bambus, Material 100 % Rayon". Mal sehen, vielleicht kaufe ich es mir.

Den Schnauzbart kriege ich inzwischen auch hin. ■

WO ES STOFF GIBT

Die Anziehungspunkte von Honolulu

■ Jeffrey Yoshida Couture, 560 N Nimitz Highway, Honolulu
Audrey Hepburn plus Grace Kelly mal Hawaii – das ist die Erfolgsformel des Designers, der 16 Jahre Erfahrung im New Yorker Fashion District sammeln konnte. Seine glamourösen Retro-Kleider sind eine Augenweide, ab 60 € das Vergnügen.

■ Roberta Oaks, 19 North Pauahi Street, Honolulu, robertaoaks.com
„Aloha Tuesday" oder „Going Pineapples" heißen die fein gemusterten Hemden und Blusen, die man hier erstehen kann, ab 45 €. Die Damenversionen werden vor dem Bauchnabel keck geknotet. Dazu passende Strandtaschen gibt es ebenfalls.

■ Barrio Vintage, 1161 Nu'uanu Avenue, Honolulu, barriovintage.com
Die Adresse für viel Lebensgefühl, das wenig kostet – Hemden und Kleider ab 20 €. Der Laden zieht so erfolgreich an, dass er gerade umgezogen ist: in größere Räume.

■ Fighting Eel, u. a. 1133 Bethel Street, fightingeel.com
Große Auswahl an dezent gemusterten Sommerkleidern und Shirts.

Ein Bart wie Jürgen von der Lippe, dafür das Hemd wie Magnum: **Markus Wolff**, 43, im reaktivierten Beach-Outfit. Über seinen Wunsch, nach hawaiianischem Vorbild im Sommer in der Redaktion die Aloha-Wochen mit Hemderlaubnis einzuführen, ist von der Chefredaktion noch nicht abschließend entschieden.

Die Verwebung hawaiianischer Traditionen mit Haute Couture: Auch bei Stella McCartney gedeihen Blumen und Kokospalmen wieder prächtig – beherzt kombiniert mit türkisfarbener Tasche oder Querstreifen

Spätestens seit Elvis Presley 1961 in floralem Oberhemd und mit Ukulele in der Hand von »Blue Hawaii« schwärmte, trat das *aloha shirt* seinen weltweiten Siegeszug an. Tom Selleck alias Magnum trug Hawaiihemd und Schnauzbart zwischen 1980 und 1988, acht Staffeln und 162 Episoden lang

Durch eine LANDSCHAFT wie vor unserer Zeit

Wo Hollywood einst »Jurassic Park« drehte, führt Hawaiis gefährlichste Wanderung durch furiose Natur: der Kalalau Trail auf Kaua'i. Autorin Veronica Frenzel über Gänsehaut am Abgrund – und das eigentliche Abenteuer, das am Ende des Weges folgte

Die erste Etappe: Vom Ke'e Beach schlängelt sich der Kalalau Trail durch das dichte Grün der Steilküste bis zur Bucht des Hanakapi'ai Beach (rechts)

Seit mehreren Millionen Jahren formen Wind und Wasser die Na-Pali-Küste. Die alten Hawaiianer glaubten, dass der Gott Kampapua'a hier der Bildhauer sei – in Gestalt von Naturgewalten

Am Startpunkt warnen Schilder vor Schlamm, Steinen und schmalen Passagen. Gefährlicher sind die Flüsse, die man durchqueren muss: Sie können bei Regen blitzartig anschwellen

ROTE, SCHLAMMIGE ERDE stürzt zu meiner Rechten Hunderte Meter tief in den Pazifik, links streckt sich eine Wand steil in den Himmel empor. Dazwischen laufe ich, auf einer handbreiten Stufe, und denke: Dieser Pfad hat seinen Platz nur geborgt. Auf ungewisse Zeit.

„Wir sind an der höchsten Stelle", ruft John, mein Wanderpartner, ein weißhaariger Mittsechziger. Er setzt seinen schweren Rucksack ab und zieht eine Stange mit dicken, getrockneten Blüten heraus. „Pakalolo", sagt er und grinst. Pakalolo ist hawaiianisch und heißt wörtlich übersetzt: verrücktes Gras. Marihuana also.

John und ich sind im Morgengrauen auf dem Kalalau Trail gestartet. Dieser Wanderweg auf der Insel Kaua'i gilt als der gefährlichste Hawaiis. Und das besonders nach einem starken Regen. In der Nacht hatte mich das Trommeln der Tropfen auf dem Wellblechdach meiner Unterkunft geweckt. Ich lag wach und musste daran denken, dass es auf dem Trail keinen Handyempfang gibt. Wieso mache ich das? Die Antwort gab ich mir im Halbschlaf: Weil der Trail durch die wahrscheinlich spektakulärste Küstenlandschaft der Welt führt; durch die Kulissen der Hollywood-Blockbuster „Fluch der Karibik", „Herr der Fliegen" und „Jurassic Park".

Als ich beim Loslaufen im Dunst des Morgens John ausmachte – der Regen hatte zum Glück aufgehört –, erschien er mir wie mein Retter. Ich fragte ihn, ob ich ihn begleiten dürfe. Er nickte.

Na Pali nennen die Hawaiianer den Küstenabschnitt, an dem der Weg beginnt: hohe Klippen. Den Pfad haben sie vor gut 200 Jahren angelegt, um die stärkehaltigen Knollen der Taropflanze aus den umliegenden Tälern nach Hanalei zu transportieren. Seit dieser Zeit kämpft der Weg mit dem Wind, dem Regen und den Wellen, die an den Klippen nagen, und muss sich immer wieder neu erfinden. Ungefähr 18 Kilometer schlängelt er sich entlang der Küste, auf, ab, auf, ab, auf, ab – wie ein Schluckauf. Umständlich, dachte ich, als ich die Beschreibung las. Seit ich auf dem Weg laufe, finde ich: waghalsig.

John, mein Retter, setzt sich am höchsten Punkt der Wanderung, 244 Meter über dem Meer, auf einen kleinen Felsvorsprung, lässt die Beine baumeln und dreht sich einen fingerdicken Joint. Als er fertig ist, beugt er sich nach vorn. „Meeresschildkröten!" Im hellblauen Wasser treiben ein paar schwarze Punkte. „Manchmal sieht man auch Buckelwale", sagt er und inhaliert tief. Wir haben nicht mal ein Drittel der Strecke geschafft, keine fünf Kilometer, erst einen von drei reißenden Flüssen überquert. Die richtig gefährlichen Abschnitte liegen noch vor uns.

Seit 1971 läuft John den Kalalau Trail jedes Jahr mindestens einmal, meist häufiger. Beim ersten Mal war er 21 Jahre alt und gerade von Chicago auf die Insel gezogen. Damals befand sich am Ausgang des Wanderwegs eine Kommune, das Taylor Camp. Das Grundstück hatte Elizabeth Taylors

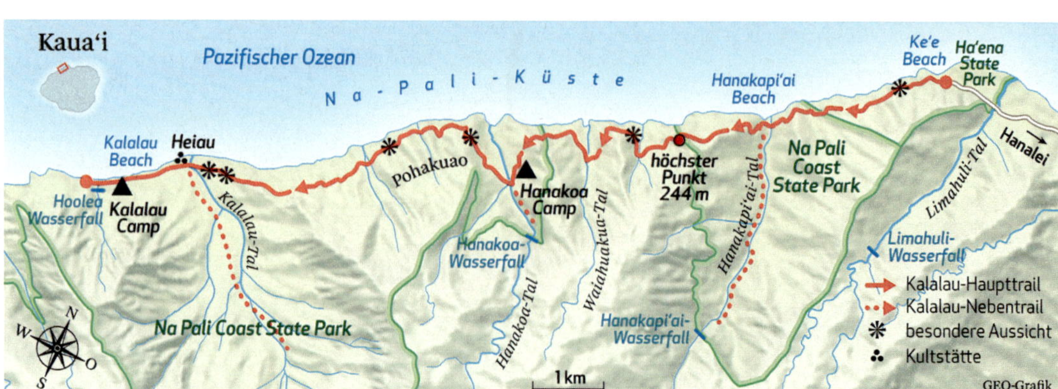

Bruder Howard den Hippies zur Verfügung gestellt, daher der Name.

John verbrachte viel Zeit im Camp und begann, die Bewohner zu fotografieren. Noch faszinierender als die Kommunen-Mitglieder fand er aber jene Hippies, die im Kalalau-Tal am Ende des Trails lebten, isoliert, ohne Annehmlichkeiten. Sie wollte er nicht beobachten, mit ihnen wollte er leben. Er sammelte Feuerholz, pflückte Guaven, Bananen, Mangos, Papayas, angelte, jagte.

Das Taylor Camp wurde 1977 geräumt, die Gemeinschaft im Kalalau-Tal existiert noch. Und immer wenn John, der mittlerweile als Ingenieur auf Kaua'i arbeitet, Zeit hat, wandert er ins Tal. Dort leben heute keine zehn Menschen dauerhaft, ein paar Dutzend vorübergehend.

AUCH DIE LANDSCHAFT hat jetzt Pakalolo geraucht. Am azurblauen Himmel schweben Wattebausch-Wolken, darunter sonnt sich türkisfarben der Ozean. Pistaziengrüne Farne tanzen mit sattem Gras im Wind. Zwischen den Ingwerbüschen zwitschern Kleidervögel, Verwandte von unserem Spatz, mit langen Schnäbeln und lippenstiftroten Hauben.

Plötzlich färbt sich der Boden pink: Blüten. „Ohi'a'ai", sagt John. Malaiische Rosenapfelbäume. Am Wegrand wachsen auch Sträucher mit herzförmigen Blättern, Taro.

Der Weg biegt ins Hanakoa-Tal, in eine breite, dunkle Senke, an deren Ende sich Felsmassen türmen. Der Farbrausch ist zu Ende. Aus grauen Wolken, die in den Gipfeln hängen, stürzt ein Wasserfall 100 Meter tief ins Tal. Auf einer Lichtung hier übernachten die meisten Wanderer, um am nächsten Tag ins Kalalau-Tal hinabzusteigen. John aber stapft weiter, im Rhythmus seiner Gedanken. Ich setze mich auf den Zeltplatz, hole aus meinem Rucksack Wasser und die Trockenfrüchte, die ich in Hanalei gekauft habe, im letzten Ort vor dem Einstieg. Sechs Stunden sind wir schon unterwegs.

Widerwillig schultere ich nach der Pause meinen Rucksack. Allein will ich nicht hierbleiben. Ein stechender Schmerz im linken Fuß lässt mich sofort wieder auf den Boden sinken. Weiß bläht sich eine münzgroße Blase auf dem großen Zeh. Ich verfluche die ultraleichten Stiefel, die ich extra für die Wanderung gekauft habe, und die zwölf Kilo auf meinem Rücken. Aber es hilft nichts: Rucksack auf, und weiter!

Den Schmerz zu ignorieren gelingt mir erst, als ich vor einem Schild stehe, das mich warnt, der Boden könne auf den nächsten Metern jeden Moment und völlig unerwartet wegbrechen. Die anschließende Aufforderung, von der Kante fernzubleiben, kann nur höhnisch gemeint sein: Der Pfad begnügt sich mit weniger als einem halben

Dass jemand an der Na-Pali-Küste einen roten Teppich ausgerollt hätte, kann man wahrlich nicht behaupten. Nach dem Hanakoa-Tal bleibt der Pfad vor allem steinig

Warum Hawaiianer Na Pali »Steile Klippen« tauften, wird auf dem Trail offensichtlich – immer dann, wenn das dichte Grün den imposanten Blick freigibt

Meter zwischen Felswand und Abgrund. Vor mir liegt der gefährlichste Abschnitt des Weges. John ist weit vorausgelaufen, und über dem schwarzen Vulkangestein flimmert die Luft. Ich taste mich durch die Mittagsglut, vergrabe einen Fuß in der roten, feuchten Erde, bevor ich mit dem anderen neuen Halt suche. Und erst, wenn der Fuß vergraben ist, verlagere ich vorsichtig das Gewicht. Jeder Schritt eine Unendlichkeit.

John hat erzählt, Kalalau bedeute auf Hawaiianisch „Wo man im Moment lebt". Weil der, der ankommt, dem Ende so nahe gewesen ist, denke ich mir. Und dann, plötzlich, stehe ich auf dem Pohakuao, einem erdroten Hügel, vor mir liegt Kalalau, das mir jetzt wirklich wie das Paradies vorkommt. Am Fuße des faltigen Gebirges stürzt übermütig der Ozean auf den hellen Strand, baut eine endlose Gischtkante, um sie gleich wieder zu zerstören.

JOHN BAUMELT SCHON IN EINER HÄNGEMATTE zwischen zwei Rosenapfelbäumen, als ich schließlich am Zeltplatz am Strand ankomme. Neben ihm sitzt ein langhaariger, bärtiger Mittfünfziger in einem Liegestuhl. „Uncle Tee", sagt John, zeigt auf den Bärtigen, der zustimmend brummt.

Ich werfe den Rucksack ab, laufe zum Meer. Das Salzwasser brennt an meinem lädierten Zeh und in den Augen. Ich schließe die Lider und genieße das Schwarz.

Zum Abendessen kocht Uncle Tee Reis und Fisch über dem offenen Feuer, in rußigen Töpfen. Das Wasser hat er am Wasserfall geschöpft. Den Fisch am Morgen im Meer gefangen. Den Reis hat John mitgebracht. „Lass uns zum Heiau gehen", sagt Tee, als er mit dem Kochen fertig ist. Der Heiau, zwei tennisplatzgroße, ovale Plätze auf zwei Ebenen, war die Kultstätte der alten Hawaiianer, dort beteten sie und opferten den Göttern. Wir blicken aufs Meer und ins Tal, an dessen Ende sich ein Regenbogen spannt. Das Essen ist kalt und köstlich.

Uncle Tee kam Anfang der 1990er Jahre von Arizona nach Big Island. Er wollte auf einem Hochseefischerboot in den Südpazifik schippern. Doch die Reederei, bei der er angeheuert hatte, ging kurz vor dem Auslaufen pleite. Uncle Tee suchte nicht nach einem neuen Schiff, sondern blieb auf Big Island. Jahrelang dachte er, er hätte das Paradies gefunden. Bis ihn Freunde 1998 nach Kalalau mitnahmen. Seitdem hat er das Tal nicht länger als ein paar Wochen verlassen. Seine beiden Söhne, die hier zur Welt kamen und mittlerweile in Oregon leben, sieht er nur, wenn sie ihn besuchen. Auch sein Geld – er sagt, er brauche keine 800 Dollar im Jahr, für Reis, Nudeln, Öl, ein paar Kleider – verdient er im Tal. Besucher bezahlen ihn dafür, dass er ihnen die Feuerstelle bereitet, Holz sammelt, für sie kocht.

AM NÄCHSTEN MORGEN, die Sonne hat es noch nicht über die Berge geschafft, knattert ein Hubschrauber über die Baumwipfel, unter denen wir unsere Zelte aufgeschlagen haben. Einer der Ausflugshubschrauber, die gehfaulen Touristen das Tal zeigen, denke ich. Das Knattern wird lauter und verstummt.

Uncle Tee kriecht aus seinem Zelt, läuft den Hang hinauf, duckt sich hinter einen dicken Ingwerbusch. Ich renne hinterher. Ein Funkgerät knackt und plötzlich stehen drei breitschultrige Männer in Tarnanzügen und mit schwarzen, schusssicheren Westen auf dem Zeltplatz. „Parkranger", flüstert Tee, „eine Razzia!"

Seit 1983, seit das Kalalau-Tal zum Naturschutzgebiet erklärt wurde, kommen die Parkranger mindestens einmal im Jahr: Man braucht nun eine Genehmigung, um auf dem Kalalau Trail zu wandern. Und in dem Tal darf man höchstens fünf Nächte lang bleiben. Ich habe als Einzige von uns dreien diese Genehmigung.

„Und John?", frage ich. „Der schwimmt bestimmt den knappen Kilometer zum nächsten Strand." Tee klingt nicht besorgt, eher belustigt. Er erklärt, dass er sich während solcher Razzien immer wie Koolau fühle.

Koolau war ein leprakranker Hawaiianer, der 1892 mit seiner Familie vor der Staatsmacht ins Kalalau-Tal floh. Er wollte nicht ohne seine Frau leben und in die Leprasiedlung auf der Insel Moloka'i verfrachtet werden. Am 24. Juni 1893 rückte der Hilfssheriff mit Polizisten nach Kalalau vor. Koolau erschoss ihn, bei einem nächsten Verhaftungsversuch noch zwei weitere Soldaten und versteckte sich mit Frau und Sohn im Tal, bis er drei Jahre später starb. Jack London hat ihn in einer Kurzgeschichte verewigt.

Hinter dem Ingwerbusch erklärt Tee stolz, er sei kein einziges Mal erwischt worden, oben im Tal, wo er sich verstecke, würden die Ranger nie suchen. Und obwohl ich eine Genehmigung in der Tasche trage, beschließe ich, ihn beim Versteckspiel zu begleiten.

Die Männer in den Tarnanzügen drehen Richtung Wasserfall ab. Wir schleichen gebückt den Hang entlang, bis zum Fluss, laufen an dessen Ufer bergauf, vorbei an alten Mangobäumen, Guaven, Tomatenstauden. Die Vormittagssonne zeichnet durch Äste und Blätter ein psychedelisches Mosaik auf den Waldboden. Wir schrecken ein Moa auf, ein hawaiianisches Bankivahuhn, treiben es ungewollt laut gackernd vor uns her. Und immer wieder passieren wir Steinhaufen. Überreste von Häusern. Vor rund 200 Jahren hat die letzte hawaiianische Familie das Tal verlassen. Als es noch keine Straßen auf Kaua'i gab, war das Kalalau-Tal eine beliebte Wohngegend – durch seine Lage bleibt es vom Regen meist verschont, gleichzeitig versorgte der Fluss die Menschen mit ausreichend Wasser. Rund sechs Jahrhunderte lang sollen hier mehrere Hundert Menschen gelebt haben. Das zumindest vermuten Archäologen wegen der Größe des Heiau, der vielen Grundmauern und Terrassenfelder.

Und dann liegt vor uns ein üppiger Garten. Taropflanzen stehen in einem gefluteten Feld, in einem anderen wachsen Bananenstauden, Papayabäume, Kaffee- und Tabakpflanzen. Ein Seitenarm des Kalalau-Flusses fließt zwischen den Feldern hindurch, große Steine leiten das Wasser um. Ein hochgewachsener, kräftiger Mann mit blondem Wuschelkopf untersucht gerade eines der herzförmigen Taroblätter. „Brook", raunt Uncle Tee, „die Parkranger!"

Wir folgen Brook bis zu seinem Zeltplatz auf einer Terrasse oberhalb eines Wasserfalls. Von hier oben können wir bis aufs Meer blicken. Aus einer Holzkiste, die er in der Erde vergraben hat, holt Brook ein paar Streifen geräucherten Fleisches. Wildes Schwein. Er hat das Tier mit einer Falle gefangen und erlegt. Brook ist Ende 30, seit knapp zwei Jahren lebt er im Kalalau-Tal. Davor hat er in Florida als Segellehrer gearbeitet. Die anderen Talbewohner nennen ihn „den Gärtner". Er ist nach Kalalau gekommen, um die Felder wie die alten Hawaiianer zu bestellen. Sein Garten soll einmal das ganze Tal ernähren.

Tosende Wasser sind allgegenwärtig. Das Rauschen kommt stets von der Brandung, aber oft auch von oben – wie beim Hanakapi'ai-Wasserfall, zu dem ein Abstecher führt

Am Kalalau-Strand endet der Trail – und gefühlt auch die Welt. Die isolierte Lage des Tals zieht bis heute Zivilisationsflüchtige an. Sie verbringen hier Wochen, Monate, manchmal gar Jahre

Die Sonne steht tief über dem Meer, als wir uns aufmachen. „Wir sehen uns bei Ronny", sagt Tee zum Abschied. Immer, wenn die Ranger da waren, lädt Ronny, der von allen Bewohnern am längsten in Kalalau lebt, zum Pasta-Abend.

„DEN RANGERN HABEN WIR ES GEZEIGT", knurrt Ronny am Strand, hinter ihm kocht Pasta über dem Feuer. „Yeah", antworten die anderen, knapp zwei Dutzend Bewohner und Besucher. Niemand außer mir hat eine Genehmigung. Niemand ist erwischt worden. Auch John hat sich wieder eingefunden, krebsrot von der Sonne, weil er tatsächlich den ganzen Tag am abgelegenen Strand verbracht hat.

Ronny, 67 Jahre alt, trägt ein zerschlissenes, grauweißes T-Shirt, um die Hüften ein ausgeblichenes Wickeltuch, Haare und Bart lang. Im Sand vor seinen nackten Füßen spielt seine dreijährige Tochter. Nur für ihre Geburt hat er das Tal in den vergangenen 30 Jahren länger als einen Monat verlassen. „Eigentlich wollte ich das auch hier erleben", sagt er. „Aber kurz vor dem Termin lief bei einer anderen Geburt etwas schief, und wir mussten die Frau mit dem Helikopter ausfliegen lassen." Ronny, den sie hier „Bürgermeister" nennen, besitzt ein Funkgerät für solche Fälle. „Da haben wir dann doch Angst bekommen."

Zu den Nudeln geht eine Flasche mit selbst gebranntem Guavenschnaps herum. Nach dem Essen bläst der Bürgermeister auf einer Flöte, ein junger Mann, der den Sommer im Kalalau-Tal verbringt, spielt Gitarre, ein barbusiges Mädchen singt. Ich blicke in den Nachthimmel, über den jede Minute eine Sternschnuppe rast. Und frage mich, ob ich wirklich am nächsten Morgen aufbrechen soll. ■

Autorin **Veronica Frenzel**, 32, ist in den Bayerischen Voralpen groß geworden, hat einen Wanderführer über die andalusischen Berge geschrieben, war schon im Himalaya und in den Anden unterwegs. Trotzdem: Den Kalalau-Trail mit seinen Bananenstauden hat sie zu ihrer Lieblingstour erkoren.

Hier entlang, bitte sehr!

Die Vielfalt der hawaiianischen Natur lässt sich erwandern – am besten auf diesen Trails

❶ Kalalau Trail

Ort: Kaua'i, Na-Pali-Küste
Start: Ke'e Beach, Ha'ena State Park
Strecke: 17,7 km hin, 1524 Höhenmeter
Schwierigkeitsgrad: Hoch, nur für Schwindelfreie und Trittsichere

Gänsehaut-Trail – wegen des schmalen Pfades, auf dem man am Abhang entlangwandelt, aber auch wegen der Naturschönheit. An zwei Stellen können Sie übernachten, nach knapp zehn Kilometern im Hanakoa- und nach knapp 20 Kilometern im Kalalau-Tal. Dort traf Autorin Veronica Frenzel die Aussteiger und flüchtete vor den Rangern. Für Kalalau ist eine Genehmigung nötig; rechtzeitig reservieren: camping.ehawaii.gov. Mitnehmen sollten Sie neben Schlafsack, Isomatte und Zelt einen Wasserfilter oder Wasseraufbereitungstabletten, Insektenspray und Sonnenschutz.

Weitere Trails

Eine Tour in Hawaiis Natur muss nicht mehrere Tage dauern, es gibt auch lohnende Tageswanderungen, von denen wir hier die schönsten vorstellen. Karten und Details zu allen Pfaden im Na-Ala-Hele-Trailnetz hält hawaiitrails.org bereit, Wandermöglichkeiten in den State Parks bündelt hawaiistateparks.org. Oder Sie folgen den mit Herzblut beschriebenen Routen von Angie Megay, angies-dreams.net/trails. Sollten Sie besonders an Flora und Fauna interessiert sein – lehrreich sind geführte Hikes mit Anbietern wie Hawaii Forest & Trail, hawaii-forest.com, oder Hike Maui, hikemaui.com.

❷ Kuilau Ridge Trail

Ort: Kaua'i, bei Wailua
Start: Am Ende des Highway 580 nahe Eingang Keahua Arboretum
Strecke: 3,3 km hin, 200 Höhenmeter
Schwierigkeitsgrad: Leicht

Ein idealer Halbtagesausflug ins grüne Herz von Kaua'i, der gut ausgebaut und deutlich weniger fordernd ist als der Kalalau Trail. In zwei bis drei Stunden geht es durch Eukalyptus und Hala zu weiten Ausblicken und einem schönen Picknickplatz. Am besten am späten Vormittag laufen, dann ist die Chance am größten, auch den meist wolkenverhangenen Mount Wai'ale'ale zu erspähen – den regenreichsten Ort Hawaiis.

❸ 'Awa'awapui Trail

Ort: Kaua'i, Na-Pali-Küste,
Start: Nahe Meilenstein 17 im Koke'e State Park
Strecke: 5 km hin, 400 Höhenmeter
Schwierigkeitsgrad: Schweißtreibend

Eine andere Perspektive auf die spektakuläre Na-Pali-Küste – diesmal nähern Sie sich von oben. Der schmale Weg schlängelt sich, manchmal rutschig, vom Hochplateau des Waimea Canyon durch dichten Dschungel hinab Richtung Meer. Und vermutlich müssen Sie die atemberaubenden Blicke hier lediglich mit ein paar verwilderten Ziegen teilen – sonst sind Sie allein.

❹ Kalawahine/Pauoa Flats/ Manoa Cliff Trail

Ort: O'ahu, nahe Honolulu
Start: Etwa 3150 Tantalus Drive
Strecke: 3 km hin, 9 Kilometer als Rundweg, 250 Höhenmeter
Schwierigkeitsgrad: Mittel

Kaum zu glauben, wie nah Honolulu an der Wildnis liegt – keine fünf Kilometer Luftlinie trennen City und Dschungel. Die Ko'olau Mountains über der Metropole sind von einem guten Dutzend beschilderter Wanderwege erschlossen. Für einen Vormittag in der Natur folgen Sie dem Osthang des Pauoa Valley durch dichtes Koa-, Bananen- und Ingwergrün. Dann geht es links weiter bergauf auf dem Pauoa Flats Trail zum Panoramablick über das Nu'uanu Valley. Von dort zurück – oder als Rundweg über Manoa Cliff Trail und Round Top Drive zum Auto.

❺ Sliding Sands Trail

Ort: Maui, Haleakala National Park
Start: Am Haleakala Visitor Center
Strecke: 12,5 km hin, 900 Höhenmeter
Schwierigkeitsgrad: Gute Kondition erforderlich

Eine Wandertour, die auf 3000 Meter beginnt, gibt es sonst nirgends auf Hawaii. Immerhin: Zunächst geht es auf lockerem Lavageröll bergab – hinein in die Stille eines gewaltigen Kraters. Ringsum: Aschekegel und Basaltklippen in allen Rot- und Braunschattierungen. Der Rückweg ist ein Killer. Gönnen Sie sich vor der Strapaze erst einmal ein oder zwei Nächte in einer der drei *cabins* tief unten im Krater, Reservierung unter recreation.gov. Tipp: Der Halemau'u Trail retour spart 500 Höhenmeter.

❻ Pololu Valley Awini Trail

Ort: Big Island, Pololu Valley
Start: Am Ende des Highway 270
Strecke: 1,5 km hin, 130 Höhenmeter
Schwierigkeitsgrad: Für Trittsichere

Big Island war das Testrevier für „Google Trekker", ein neues Projekt des Internetkonzerns, mit dem dieser – analog zu Street View – jetzt auch Wanderwege erlebbar machen will. Unter gohawaii.com/treks/big-island können Sie diesen Trail virtuell begehen und den Ausblick über eines der letzten unbesiedelten Täler der Insel vorwegnehmen. Die Realität übertrifft das Computererlebnis natürlich bei Weitem. In einer knappen halben Stunde sind Sie am Lavastrand, der steile Rückweg kostet mehr Schweiß.

❼ Kilauea Iki Trail

Ort: Big Island, Volcanoes National Park
Start: Parkplatz am Crater Rim Drive
Strecke: 6,4 km Rundweg, 120 Höhenmeter
Schwierigkeitsgrad: Leicht bis mittel

Der Klassiker unter den Trails auf Big Island. Sehr zu Recht beliebt und dennoch nicht überlaufen. In zwei Stunden lässt sich auf diesem Rundkurs eine Tour durch die Vulkangeologie der Insel unternehmen – mit den wallenden Schwaden des derzeitigen Ausbruchs im Halema'uma'u-Krater im Hintergrund. Wanderer sind hier wenig mehr als Punkte in einer gewaltigen Landschaft. Nach steilem Abstieg aus dem Farnwald führt der Trail über einen kaum erkalteten Lavasee.

DIE DAUERBRENNER

Hawaiis Vulkane sind mit bis zu 4205 Metern über und rund 6000 Metern unter Wasser die mächtigsten weltweit. Und verhelfen Wissenschaftlern zu immer neuen Erkenntnissen über unsere Erde

ILLUSTRATION **STEFANIE PETERS** TEXT **HILMAR SCHMUNDT**

Logenplatz für ein Naturspektakel: Winzig stehen Menschen auf Big Island, wo es zischt, kocht, raucht – und die mehr als 1000 Grad heiße Lava des Kilauea bei Kalapana auf einen 25 Grad kalten Ozean trifft

Wenn der Vorhang der Nacht fällt, führt die Natur ein uraltes Schauspiel auf: das Ringen zwischen Feuer und Wasser, heiß und kalt, Werden und Vergehen. Wie riesige Finger weisen dunkle Dampfsäulen den Weg zur Ostküste von Big Island, der größten und jüngsten Insel des Hawaii-Archipels. Gigantische Wogen rennen dort an gegen schwarze Klippen, aus denen sich Lavaströme ergießen, über tausend Grad heiß und rot glühend wie brodelnder Stahl.

Schwaden von schwefeligem Vulkan-Smog, Vog genannt, beißen in der Nase. Teils trägt der Nebel winzige Lavascherben, scharf wie Glas, in Richtung der kleinen Armada aus Segel- und Motorbooten, die an der Lava vorbeikreuzt. Wer die Hand ins Wasser hält, stellt fest: Die Pazifikwogen sind heiß wie Teewasser, auf ihnen schwimmt Bimsstein, von Gasbläschen aufgeschäumt und leicht wie Schaumgebäck. Dann wälzt sich wieder ein Feuer-Fall zähflüssig in die Tiefe. Die Gischt explodiert, glühende Brocken zerstieben, kleben rot flackernd am Fels, verglimmen und erstarren zu Stein.

Nirgendwo sonst kommen Menschen so gefahrlos und nah heran an die Glut wie auf Big Island. Denn die Lava ergießt sich hier anders als etwa am Mount St. Helens im Nordwesten der USA oder am Vesuv in Italien: Sie ist so flüssig, dass Vulkanschlote nicht verstopfen und ihren Pfropf wie Sektkorken hinausschießen müssen. Die Vulkane von Big Island laufen eher aus wie Kerzenwachs. Vulkanologen nennen solche Eruptionen deshalb auf der ganzen Welt „hawaiianisch". Die Lava blubbert derart flüssig, weil ihre Temperatur beim Austritt über 1000 Grad Celsius liegt, der Gehalt an Gas und Kieselsäure dagegen besonders niedrig ist.

Auf Big Island lässt sich sinnlich erleben, was Lehrbücher trocken als Plattentektonik beschreiben: das Driften von Erdschollen auf einem Meer aus fließfähigem Gestein. Die meisten Vulkane entstehen dabei an den zerknautschten Kollisionszonen, wo sich Krustenplatten untereinanderschieben wie beim „Ring of Fire", jener Kette aus Lava speienden Bergen, die sich von Chile über Alaska bis nach Indonesien zieht. Hawaii gilt dabei als Besonderheit, denn die Inselgruppe befindet sich mitten auf der größten, der Pazifischen Platte, Tausende Kilometer vom Feuerring entfernt. Sie steht nicht still, sondern wandert mit der ozeanischen Scholle in Richtung Nordwesten, mit einem Tempo von rund zehn Zentimetern pro Jahr, doppelt so schnell, wie Fingernägel wachsen.

Die Insel ist die Spitze eines Feuerbergs, der unter Wasser mehr als 5000 Meter tief hinabreicht bis zum Meeresgrund. Fiele der Pazifik trocken, würde der Gipfel des Mauna Loa fast 10 000 Meter aufragen – er wäre höher als der Mount Everest. Und die Lavamassen des Hawaii-Archipels reichten aus, um ganz Deutschland unter einer Steinschicht zu begraben, höher als der Kölner Dom.

Vulkane haben ein Doppelgesicht aus Zorn und Güte. Sie begraben Leben und schenken neuen, fruchtbaren Boden, auf dem sich Farne verkrallen und bald wieder Palmen sprießen. 1990 wälzte sich ein Lavastrom auf Big Island den Berg hinab und verschlang ein Fischerdorf mit 182 Häusern, einen Strand und einen der ältesten Tempel der Insel. Die Bewohner konnten fliehen, doch ihr altes Leben liegt nun unter einer kilometerbreiten Grabplatte verschüttet. Hier ragt noch eine Satellitenschüssel aus dem Boden, da ein rostiges Autobusdach, dort ein Straßenschild „No Parking".

Erdgeschichtlich gesehen erst gestern tauchte das Hawaii-Archipel aus dem Pazifik auf: O'ahu (hinten) zählt gut drei Millionen Jahre, Big Island (vorn) ist noch im Werden. Südlich des Mauna Kea – Hawaiis Höhepunkt – schickt der Kilauea (rechter Schlot) seine Glut gen Meer. Er wird vermutlich gespeist von einer Magma-Quelle, die auch den Lo'ihi (linker Schlot) wachsen lässt – der noch 969 Meter benötigt, um an der Wasseroberfläche zur Insel zu werden

Aber die Hawaiianer sind seit Generationen geübt im pragmatischen Umgang mit dem feurigen Chaos – so siedeln die Menschen heute in Holzhütten am Rande des erstarrten Lavastroms und leben von den Touristen, die sie über ihr verbranntes Land zu den Klippen führen, wo die Lava noch immer ins Meer zischt.

Tagsüber sieht der Boden hier nichtssagend schwarz aus. Nur manchmal spüren Wanderer eine Hitzestrahlung wie vor einem Kamin, ohne die unterirdische Glut zu sehen. Erst im Dämmerlicht entfaltet diese ihren roten Schein. Dann braten Abenteurer mit ihren Kindern Würstchen an der zäh vorbeifließenden Lava wie über einem Lagerfeuer.

Und erzählen den staunenden Kleinen davon, dass noch ihre Großeltern in der Schule gelernt haben, die Erde sei fest und starr. Erst in den 1960er Jahren gelang der Nachweis, dass nicht nur Menschen und Tiere auf Reisen gehen, sondern auch die Kontinente unter ihren Füßen: Tief in der Erde zirkulieren mächtige Konvektionsströme, wie Strudel in einem Topf voll heißer Milch, auf der eine hauchdünne Haut schwimmt.

Unter dieser Haut, der Lithosphäre, die am Ozeanboden nur wenige Kilometer misst, strömt der heiße Erdmantel, 2800 Kilometer tief. Eingebettet in ihm ruht der metallische Erdkern. Er wird unter anderem durch Atomzerfall auf viele Tausend Grad aufgeheizt. Aus dem Inneren der Erde brodelt immer wieder Magma empor: ein Gruß aus den Tiefen unseres Planeten an uns winzige Zaungäste auf jener dünnen Kruste, die wir für die Welt halten.

Wissenschaftler protokollieren das Drama in seinem Fortgang von einer exklusiven Loge auf Hawaii aus: dem Hawaiian Volcano Observatory, gegründet 1912. Es ist eines der ältesten und zugleich modernsten vulkanologischen Institute der Welt, ein länglicher Zweckbau direkt am Abgrund des Kilauea-Hauptkraters. Ein Mausklick an einem der dortigen →

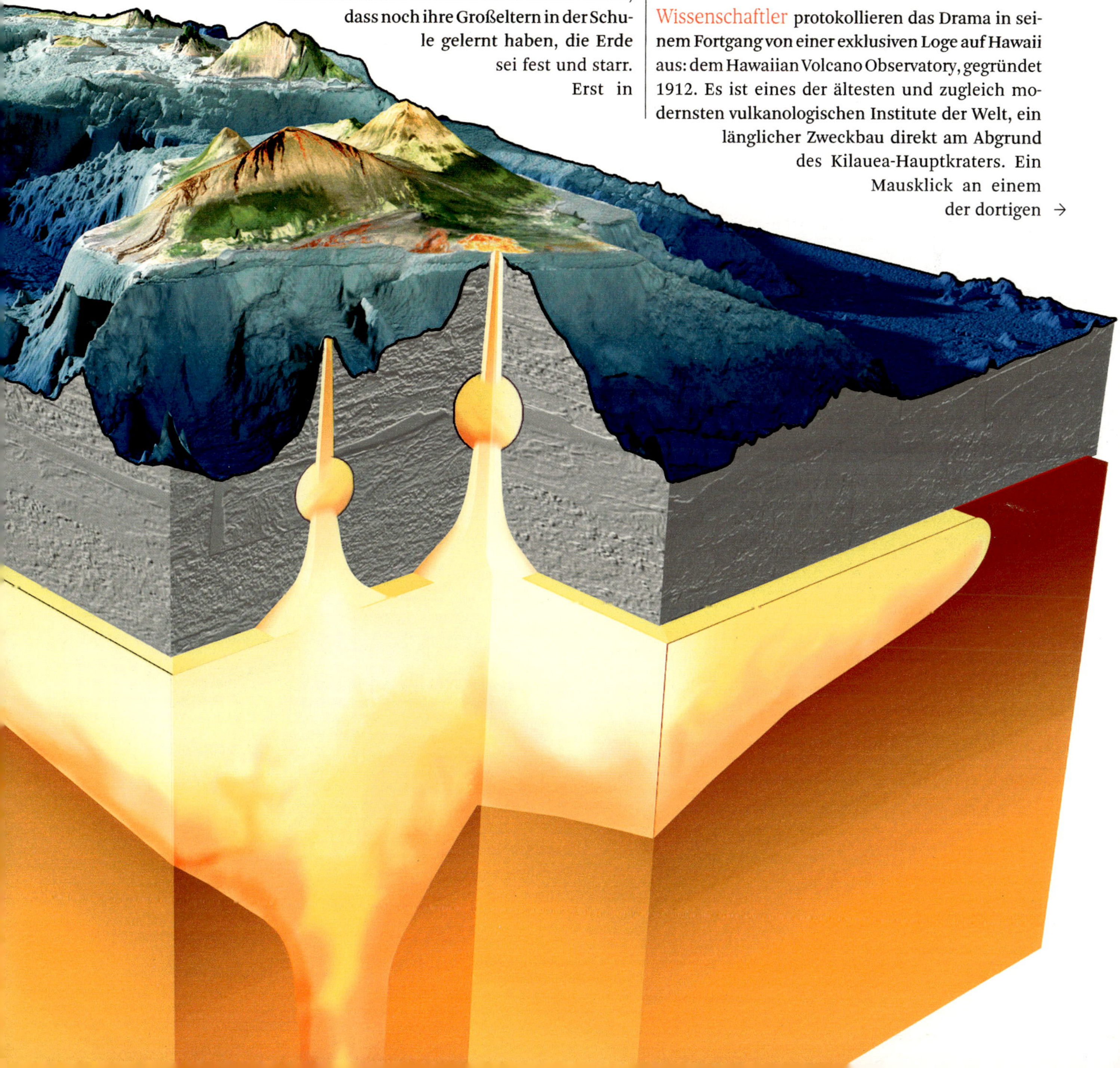

Temperamentsausbruch der Erde: Seit 1983 ergießt sich Lava aus dem Kilauea, aktuell bis zu einer halben Million Kubikmeter pro Tag. Genug, um 30 Kilometer Straße zu asphaltieren

Computer, schon erscheint der Höllenschlund des Seitenkraters Pu'u 'O'o, von dem aus die Lava seit über 30 Jahren hinabrinnt Richtung Meer, in gleißendem Purpur auf den Monitoren. Ein Dutzend weiterer Kameras übertragen Bilder ins Internet, weltweit abrufbar (siehe „Expedition zum Lavastrom", Seite 86).

Der Berg ist verkabelt wie ein Intensivpatient. 20 Sensoren zeichnen minimale Höhenänderungen auf. 70 GPS-Empfänger verfolgen das Heben und Senken der Bergflanken: Vor einer Eruptionsphase blähen sich die Hänge auf, um dann wieder zusammenzusacken. Nur selten müssen die Forscher ihre Loge verlassen. Bepackt mit Helm, Rucksack und Sauerstoffmasken brechen sie dann auf, zu Fuß, im Geländewagen oder per Hubschrauber, um defekte Geräte auszutauschen. Oft sehen die Metallbeschläge von Messstationen schon nach wenigen Wochen aus wie altes Museumsinventar, so sehr hat sie der ätzende Vog zerfressen.

Sensationelle Entdeckungen machen die Wissenschaftler heute nicht mehr mit Exkursionen in den Krater, sondern beim Auswerten ihrer Computerdaten. Der Kilauea und sein mächtiger Nachbarvulkan Mauna Loa könnten unterirdisch verbunden sein: Blähen sich die Flanken des einen, tun es meist auch die des anderen. Sie speisen sich eventuell aus der gleichen Magmaquelle Kilometer unter dem Erdboden.

ÜBER DAS INNERE DER ERDE WISSEN WIR WENIGER ALS ÜBER DIE MARSOBERFLÄCHE

Diese Quelle wiederum wird wohl durch einen Hotspot gefüttert, einen Arm aus glühendem Gestein, der wahrscheinlich vom Rand des Erdkerns hinaufquillt, rund 2800 Kilometer weit, länger als der Ganges.

Nie wird sich ein Mensch diesem senkrechten Strom aus Stein nähern können. Doch berichtet die Lava von den fernen Gestaden im Innern des Heimatplaneten, über die wir weniger wissen als über die Oberfläche des Mars. Die tiefsten Bohrungen in die Erdkruste endeten nach rund zwölf Kilometern. Das ist ungefähr so, als machte sich ein Berliner auf, um einen Reiseführer über Damaskus zu schreiben, und kehrte schon im Spreewald um, weil ihm die Sache zu heiß wurde.

Die Lava- und Datenströme von Hawaii wälzen dabei immer wieder Schulbuchwissen um, zum Beispiel die Annahme, dass die Pazifische Platte über

Hawaii erlaubt Blicke ins Erdinnere – durch Daten der Forscher, aber auch unmittelbar. Wie am Kilauea, wo Lava unter erkalteter Oberfläche strömt

einen Hotspot rutscht, der unter Big Island steht wie eine Kerze und ein Loch nach dem anderen in die Kruste brennt. Die Annahme liegt nahe, schließlich zieht sich Hawaii wie eine Perlenschnur gen Nordwesten, als Teil einer Kette aus über 100 Vulkanen, die sich am Meeresgrund als unterseeische Bergrücken fortsetzen. Doch rund 3500 Kilometer gen Nordwesten, am sogenannten Ellenbogen, macht die Kette plötzlich einen Knick nach Norden.

Als Grund nahm man bislang an, dass die Pazifische Platte vor rund 45 Millionen Jahren abrupt ihre Richtung geändert hat. Heute dagegen glauben viele Forscher aufgrund von topografischen Simulationen: Nicht die Kruste hat ihre Richtung geändert, sondern der Hotspot seine Position – fast wie eine Kerzenflamme im Lufthauch.

„Kommt, wir laufen so, wie es die Lava auch tut", sagt der höhlenkundige Führer. Sein Helm verschwindet in einem kleinen Loch. „Kommt schon", tönt es dumpf von unten. Eine riesige Röhre senkt sich talwärts, geräumig wie ein U-Bahn-Tunnel: eine sogenannte Lava Tube. Die Wände glänzen schwarz und glatt wie Schokolade, von der Decke hängen Tropfen aus rotbraunem Basalt. In diesem Schacht strömte die Lava Richtung Meer, und während sie oben erstarrte, grub sie sich unten immer tiefer ein und blieb so glutflüssig, bis sie das Wasser erreichte. Lava Tubes können erstaunlich lang sein: Die Kazumura Cave am Kilauea misst über 65 Kilometer und wurde von amerikanischen Behörden zum natürlichen Atombunker erklärt.

Immer wieder kreuzen und verzweigen sich Gänge, wo Lavaströme sich begegneten. Höhlenforscher wandern, klettern, kriechen hier durch Canyons, →

über meterhohe wasserfallähnliche Steilstufen, vorbei an gigantischen Hallen, unter einem dichten Vorhang aus Wurzelwerk, das bis in Regenpfützen am Boden reicht. Von hier unten pumpen Ohiabäume, die auf der erstarrten Lava wachsen, Feuchtigkeit bis in ihre Blattspitzen an der Oberfläche.

Und mehr als 50 Tierarten wurden in Hawaiis Lavahöhlen entdeckt: blinde Höhlenzikaden, flugunfähige Fliegen, bleiche Wolfsspinnen. Sobald der Lavastrom versiegt, werden die lichtlosen Oasen rasch besiedelt, denn weite Teile der Unterwelt sind durch feinste Risse vernetzt, und ständig werden durch frische Lavaflüsse neue Verbindungen geschaffen. Die Steinwüste, sie lebt.

Mit jeder neuen Erkenntnis, zu der die Vulkanologen im Observatorium gelangen, ergeben sich neue Fragen: Wie sehr hängen zum Beispiel Vulkane, Wetter und Klima zusammen? Manche Forscher vermuten, dass heftige Regenfälle das Eruptionsverhalten beeinflussen können, weil das Erdreich aufweicht. Einige Wissenschaftler beschreiben den Vulkanismus sogar als eine Art Blutkreislauf des Planeten: Ihrer Meinung nach wurde Leben auf der Erde erst möglich, als die Magmaströme im Innern zu zirkulieren begannen und Vulkane unter anderem Kohlendioxid ausspuckten, sodass sich eine schützende Atmosphäre bilden konnte, welche die Temperatur stabilisierte.

NEBEN BIG ISLAND WIRD BALD EINE NEUE INSEL GEBOREN: LO'IHI

Ohne Vulkane kein Leben: Sollten die Magmaströme versiegen, könnte die Erdoberfläche wieder starr und tot wie bei Mars und Mond werden. Bis dahin dürfte es allerdings noch Milliarden Jahre dauern, noch schlägt der Puls des Planeten mit Macht. U-Boote haben erkundet, dass vor Hawaii bereits die nächste Insel entsteht. Lo'ihi heißt dieser Vulkan, der sich irgendwann südlich von Big Island glühend aus dem Meer erheben wird: in vielleicht schon 50 000 Jahren, für Geologen ein Wimpernschlag. Lo'ihi braucht nur noch rund 1000 Meter bis zur Wasseroberfläche.

Eine neues Kapitel jener Geschichte wird dann aufgeschlagen, für deren Verständnis Hawaii der perfekte Ort ist. ■

Hilmar Schmundt, 48, ist Wissenschaftsredakteur des „Spiegel" mit lavabewegter Vergangenheit. Auf Facebook stellt er gern Fotos, die seine Freunde mit „Hilmar, das ist wieder VIEL zu nah" kommentieren.

Expedition zum Lavastrom

Feurige Flüsse, heiße Asche, dampfende Schlote: Die Chancen stehen gut, dass Sie auf Big Island den Urgewalten des Erdinneren ganz nahe kommen. Irgendwo am Kilauea gibt es immer vulkanische Aktivität, ununterbrochen seit 1983. Derzeit köchelt ein rot glühender Lavasee im Krater Halema'uma'u, und aus dem Pu'u-'O'o-Krater etwas weiter östlich fließt Lava in unterirdischen Röhren. Allerdings nicht mehr wie bis Herbst 2013 östlich des Nationalparks bei Kalapana direkt ins Meer (siehe Seite 22/23). Doch das kann sich schon morgen ändern. Details zum aktuellen Verlauf geben die offiziellen Webseiten nps.gov/havo/planyourvisit/lava2.htm und hvo.wr.usgs.gov. Wie von der Küste aus bei Kalapana die Lava zu beobachten ist, erfährt man auch vom Band unter Tel. 001-808/961 80 93.

- Das Rüstzeug fürs Vulkanverstehen liefert das Jaggar Museum – unbedingt Ihr erster Stopp, Crater Rim Drive, Hawai'i Volcanoes National Park, tgl. 8.30–19.30 Uhr, Parkeintritt 7,50 € pro Fahrzeug. Zudem lässt sich von hier die mächtige Rauchsäule des Halema'uma'u-Kraters beobachten, abends rot erleuchtet.
- Jeden Morgen werden im Visitor Center am Eingang des Nationalparks *guided hikes* für den Tag angeschlagen. Ranger Eric Hübner führt Wanderungen in Deutsch, nps.gov/havo/planyourvisit/into_the_volcano_german.htm. Nach vorheriger Reservierung organisieren auch die gemeinnützigen Friends of Hawai'i Volcanoes National Park Führungen im Park für Kleingruppen, fhvnp.org, Tel. 001-808/985 73 73.
- Die beste Chance, glühende Lava zu sehen, bietet ein Helikopterflug. Flüge von Hilo aus zum Beispiel mit Safari Helicopters, Tel. 001-808/969 12 59, safarihelicopters.com.
- Wenn die Lava bis ins Meer fließt, steuert Captain Shane Turpin von Lava Ocean Tours sein Boot um vier Uhr morgens die Küste entlang. Nichts für schwache Mägen, aber ein spektakuläres Erlebnis – wenn die Lava wieder ins Meer eintritt. Bis dahin werden ganztägige, sehr anstrengende Wandertouren tief ins Hinterland zur fließenden Lava angeboten, www.lavaocean.com, Tel. 001-808/966 42 00.

SHAKA FÜR EINEN KRIEGER

Viele junge Hawaiianer leben auf der Schattenseite, fernab von Pool und Partys. Perspektiven? Müssen sie sich erkämpfen. Wie Lowen Tynanes: Kleinstadtkind, Hilfskellner – und vielleicht der nächste große Star der Inseln. Von einem, der sich rausboxt

Training als Härtefall. Lowen Tynanes schindet sich, um bei »Mixed Martial Arts« zu bestehen, dem Kampf mit fast allen Mitteln. Mann gegen Mann. Und nicht selten auch Mann gegen Schicksal

Als Hilfskellner trägt Lowen »Dream Extreme Cheesecake« in Waikiki auf, das Stück 1370 Kilokalorien. Seinem eigenen Traum kommt der Kämpfer mit den weichen Gesichtszügen am Speedball im Gym von Kalihi näher →

FOTOS **BROWN CANNON**
TEXT **KRISTIANA KAHAKAUWILA**

LOWEN TYNANES und seine Gang tragen ihre Surfbretter vom Strand zurück zu den Autos, die Jungen in weiten Shorts, die Mädchen in winzigen Bikinis. Die morgendliche Wolkendecke über dem 'Ehukai Beach Park bricht gerade auf, und die Sonnenstrahlen kündigen einen sengend heißen Nachmittag an. Lowens Freundin Logan wirft immer wieder einen Blick auf ihre Uhr: Sie werden zu spät zur Arbeit kommen. Lowens Bruder Tyson und dessen Freundin Kyla traben über den Kamehameha Highway zu den geparkten Autos. Nur Lowen zeigt keine Eile.

Ein Bekannter bremst ab, lehnt sich aus dem Fenster seines weißen Trucks und ruft Lowens Namen. Der 23-Jährige schlendert in den heranbrausenden Verkehr, als gehöre ihm dieses Stück der Nordküste von O'ahu. Er lehnt einen Arm gegen das Autodach, und während sich hinter dem Truck eine lange Reihe Autos staut, plaudern die beiden Männer über die Brandung, ihre Familien, Lowens letzten Kampf. Jemand drückt auf die Hupe, aber als Lowen aufblickt, hört er sofort auf. Nach einer Minute winkt Lowen seinen Kumpel weiter, winkt jedem Mietcabrio zu, das vorbeifährt, als würde er es persönlich im Paradies willkommen heißen.

Wenn man den Namen Lowen Tynanes googelt, stößt man als Erstes auf ein Bild, das ihn blutüberströmt zeigt. Sein Gesicht – eine Grimasse. Seine Hände – zu Fäusten geballt. Er atmet schwer, das ist sogar auf dem Foto zu erkennen – man sieht die Dehnung des gewaltigen Brustkorbs. Das Blut stammt von seinem Kontrahenten Eduard Folayang, der bei diesem Kampf im Dezember 2012 Weltergewicht-Champion der „Universal Reality Combat Championship" war. Folayang war als haushoher Favorit in den Kampf gegangen, vor allem, weil der auf den Philippinen stattfand. Heimvorteil. Aber Sekunden nach der Glocke war Lowen schon auf Folayangs Rücken geklettert, hatte seine langen Arme um den Kopf des Gegners gewickelt, um ihm ins Gesicht zu schlagen. Er versetzte ihm nicht einen Hieb. Nicht zwei. Er schlug wieder und wieder zu. Ein paar Minuten später hatte Lowen seinen Gegner auf den Rücken geworfen und rammte ihm den Ellenbogen in die Augenbraue.

Überall war Blut: auf dem Boden, an den Seilen, auf den Körpern der Kämpfer. Folayang hatte nicht einmal eine Runde überstanden, als die Ringrichter den Kampf beendeten und Lowen zum Sieger erklärten.

Kurz vor Kampfende gab es einen eindrucksvollen Moment. Lowen geht im Ring auf und ab. Er will, dass der Kampf weitergeht. Es reicht ihm nicht, dass Folayangs Augen zugeschwollen sind, sein Blut die Matte befleckt. Lowen kaut auf seinem Mundschutz herum. Er schüttelt den Kopf, und Folayangs Blut spritzt von seinem Gesicht. Lowen will diesen Kerl vernichten.

Wenn man dieses Bild vergleicht mit dem Lowen, der am Kamehameha Highway den Autos zuwinkt, dann fängt man an, die Widersprüchlichkeit von Hawaii zu verstehen; beginnt zu begreifen, was es bedeutet, hier ein Mann zu sein: Willkommen auf den Inseln. Wir können dich fertigmachen. Wir freuen uns so, dass du unser Gast bist.

LOWEN TYNANES ist in 'Ewa Beach aufgewachsen, von den Hawaiianern auch Wilder Westen genannt. 20 Kilometer weiter im Osten, in Waikiki, spritzen städtische Arbeiter mit dem Hochdruckreiniger die Gehwege sauber, kratzen Kaugummi von der Straße, stutzen die Hecken zu akkuraten Rechtecken. In 'Ewa grenzen kleine Holzbungalows an verrostete Fabriken. Der Wind weht Sand und die dornigen Zweige des Kiawe-Baums auf den Asphalt. Fast erwartet man, Kadaver von Verdursteten zu sehen. Zwischen dem Lebensstandard der Einwohner hier und dem der Touristen liegen Welten.

Auf dem Weg von der Nordküste nach Honolulu hält die Gang in 'Ewa, weil Lowen seine Kampfausrüstung braucht. Bis vor ein paar Monaten lebte auch Tyson in diesem Strandbungalow, mit Lowen und den beiden anderen Brüdern, doch dann zog er nach Kane'ohe, um eine Weile für sich zu sein. Aber er kommt ständig zu Besuch; in diesem Haus wurden er und Lowen, nachdem die Eltern sich getrennt hatten, von →

ihrem älteren Bruder Miles großgezogen. Jetzt kümmern sie sich hier zu dritt um den Jüngsten, Micah, der erst 14 ist und auf die Highschool geht.

Die Eltern leben in der Nähe, aber sowohl Vater als auch Mutter haben wieder geheiratet und neue Familien gegründet, weshalb die Brüder sich am nächsten stehen. Miles sieht sich Lowens Kämpfe an, wenn er nicht arbeiten muss, und Micah, dessen Tage mit Schulstunden und Sport vollgestopft sind, damit er nicht auf dumme Gedanken kommt, schaut zu, wenn sich Lowen und Tyson Sparringskämpfe liefern.

Nachdem sie das Haus verlassen haben, fährt Lowen an der Highschool vorbei und hupt vor dem Tor, so als ob Micah es hören könnte. Auf der anderen Straßenseite lungert eine Handvoll Männer in Schlabbershorts herum, die Arme spindeldürr, die Zähne von Crystal Meth zersetzt. Sie winken. Als er vorbeifährt, streckt Lowen seine Hand aus dem Fenster und grüßt sie mit ausgestrecktem Daumen und abgespreiztem kleinen Finger, einer hawaiianischen Geste, Shaka genannt, die so viel wie „locker bleiben" bedeutet.

An dieser Ecke standen Dealer schon, als Lowen die Schule besuchte. Ihr Vater beobachtete seine Kinder immer, wenn sie das Schulgelände verließen. „Blieben wir mehr als zwei Minuten bei den Typen an der Ecke stehen, setzte es zu Hause eine Tracht Prügel. Aber wenn wir gar nicht mit ihnen redeten, bekamen wir am nächsten Tag vor der Schule Ärger." Lowen lernte früh, mit anderen klarzukommen. Er war zu allen freundlich, aber mit wenigen befreundet. Er konzentrierte sich auf den Sport, vor allem Football und Ringen; im Ringkampf war er so gut, dass er schließlich zu „Mixed Martial Arts" kam, einer Kampfsportart, bei der gerungen, geschlagen und getreten werden darf. Lowen hoffte, damit aus 'Ewa herauszukommen.

Heute Abend wird er nach der Arbeit gegen Michael Balasi in den Ring steigen, einen Profiboxer, dessen Kämpfe vom Sportsender ESPN übertragen werden. Weil Lowen vom Ringen kommt, besteht sein Kampfstil darin, die Gegner auf die Matte zu zwingen und sie bis zur Bewusstlosigkeit zu würgen, aber gegen Michael Balasi kommt es vor allem aufs Boxen an. Scouts und Trainer werden da sein, und Lowen muss Balasi Schlag für Schlag ebenbürtig sein, wenn er beweisen will, dass er der nächste Star aus Hawaii sein könnte.

DEN TRUCK lenkt Lowen die Kalakaua Avenue hinunter, ins Zentrum von Waikiki. In den Schaufenstern funkeln die Kleider, Handtaschen und Schmuckstücke der Luxusmarken. In diesen Geschäften läuft die Klimaanlage immer auf Hochtouren, die Kälte strahlt bis auf die Straße. Lowen lässt seine Freundin Logan an der „Makana Esthetics Wellness Academy" aussteigen, wo sie sich auf ihr staatliches Kosmetik-Zertifikat vorbereitet, und fährt dann zu „The Cheesecake Factory", einem amerikanischen Kettenrestaurant, in dem er kellnert. Er parkt hinter Kylas Truck; Lowens Bruder Tyson und dessen Freundin arbeiten ebenfalls hier.

In Waikiki, anders als in 'Ewa oder an der Nordküste – Orten, wo Hawaiianer leben, essen, schlafen, sich die Zeit vertreiben –, wird Lowen von niemandem erkannt. Nicht von den Touristinnen in geblümten Blusen, nicht von den schlanken Japanern in Designerjeans. Er wischt einen Tisch ab, legt Besteck auf. Dann zeigt von der Straße plötzlich ein Lieferant auf ihn. „Hey, wann ist dein nächster Kampf?" Seine Stimme schallt durch den Terrassenraum des Restaurants.

„Ich hab einen kleinen heut Abend", antwortet Lowen in melodischem Hawaiian Pidgin, einem Englisch, das ohne viel Grammatik auskommt, dafür aber reich an Lehnwörtern aus dem Hawaiianischen, Portugiesischen und Chinesischen ist.

„Würd ich gern sehen!"

Lowen lächelt, lehnt sich über das Gatter, das die Terrasse vom Bürgersteig trennt, und tauscht mit dem Mann einen komplizierten Handschlag aus. Manchmal scheinen Hawaiianer mehr mit Gesten als mit Worten zu kommunizieren.

„Bist du bereit?", fragt Tyson seinen Bruder, als der Lieferant wegfährt.

„Ich hab an dir trainiert, oder?" Lowen tut, als ob er Tyson einen Aufwärtshaken verpassen wollte.

Tyson lacht, täuscht einen rechten Haken an. Lowen und Tyson sparren wenigstens einmal in der Woche. Lowen glaubt, dass sein Bruder die nötige mentale Stärke und die körperlichen Fähigkeiten besitzt, um zu kämpfen. Aber Tyson will lieber mit Kyla rumhängen, Spaß haben, Geld verdienen. Er ist nicht bereit, das alles aufzugeben, um jeden Tag zu trainieren, wie sein Bruder.

Als Hilfskellner bekommen die Brüder den US-amerikanischen Mindestlohn und einen kleinen Teil der Trinkgelder, zusammen etwa zehn Dollar die Stunde. Tyson, der noch kaum Ausgaben hat, fühlt sich reich mit ein paar Hundert Dollar in der Tasche. Lowen aber weiß, dass man mit solchen Beträgen kein Leben aufbauen kann.

Manchmal findet Tyson, dass sein Bruder zu ernsthaft geworden ist. Der Irokesenschnitt ist rausgewachsen. Lowens neonpinkfarbene Shorts wurden von einem Paar in Schwarz und dezentem Rot abgelöst. Tyson fragt sich, ob so das Erwachsensein aussieht.

Am Ende der Lunch-Schicht kommt Logan vorbei. Alle Kellner begrüßen sie mit Namen. Sie kennen sie, weil sie Lowens Freundin ist und die Tochter des weltberühmten Surfers Sunny Garcia. Wie Lowen wuchs Sunny auf der Westseite der Insel auf. Anders als Lowen lernte er nicht, den Typen an der Ecke aus dem Weg zu gehen. Sunny kämpfte jahrelang mit Drogen- und Alkoholproblemen, selbst während er Surfwettbewerbe gewann. 2006 kam er wegen Steuerhinterziehung ins Gefängnis. Berüchtigt aber war Sunny wegen seiner Reizbarkeit. Einmal schlug er während eines Wettkampfs einen jungen Australier zusammen, drückte ihn immer wieder unter Wasser, um ihn dann erneut zu schlagen.

Sunny ist nicht allein mit seiner Wut. Viele seiner Generation reden davon, dass Hawaiis Surfspots von Ausländern überrannt werden: von Australiern, Brasilianern, selbstgefälligen Kaliforniern, die nicht wissen, was Respekt bedeutet, weder auf dem Wasser noch an Land. Das macht Männer wie Sunny →

Vier, die sich irgendwie durchs Leben schlagen: Lowen und seine Freundin Logan, rechts sein Bruder Tyson mit Kyla

Einst waren es für Hawaiianer vor allem Surfbretter, die die Welt und Ruhm bedeuteten. Heute setzen viele auf Kampf- und Körperkunst in Inseltradition. Unten links: Michael Balasi, der gegen Lowen keine Chance hatte

wütend. Sie sind mit nichts als diesen Wellen und Stränden aufgewachsen, und jetzt werden ihnen auch diese streitig gemacht?

Lowen ist anders. Wo Sunnys Generation Verlust sieht, sieht er seine Chance. „Wir Hawaiianer sind keine Tennisspieler, keine Fußballer", sagt Lowen. „Aber hier ist etwas, das wir jeden Tag tun – jeden Tag prügelt sich jemand. Jetzt können wir mit dem, was wir gern tun, unseren Lebensunterhalt verdienen. Das ist ein Segen."

SUNNY FINDET es großartig, dass Lowen kämpft. „Er schaut sich Lowens internationale Kämpfe mit mir auf dem Handy an", sagt Logan über ihren Vater. Logan ist ebenfalls stolz, aber sie will Lowen auch beschützen. Als die Rede auf ein Interview kommt, das Lowen geben soll, warnt sie ihn, vorsichtig zu sein. Als ein Freund vorschlägt, Lowen solle sich eine eigene Website zulegen, notiert sie die infrage kommenden Firmen. Logan wirkt so zierlich neben Lowen. Aber sie hat erlebt, was die Presse mit jemandem wie ihrem Vater machen kann, und sie hat beobachtet, wie Lowens Karriere wegen einer Vertragsstreitigkeit vorübergehend ins Straucheln kam.

Logan ist von den beiden diejenige, vor der man sich in Acht nehmen muss. Die Erfahrung hat sie kaltblütig gemacht. Sie bleibt immer auf Distanz. Lowen dagegen hat ein großes Herz. Er könnte dich mit einem Schlag fällen, aber wahrscheinlicher ist, dass er dich mit einer Umarmung erdrückt.

Am Ende der Schicht schleudert Lowen seine Slipper von den Füßen, streift die verschwitzten Socken ab. Er hat die Füße eines Hawaiianers – breit gespreizte Zehen, die Haut so dick, dass er barfuß über spitzes Lavagestein laufen kann. In seinem Truck tauscht er die schwarze Hose, die er zur Arbeit tragen muss, gegen ein Paar Boxershorts.

Auf dem Weg zum Kakaako Boxing Club Gym in Kalihi kommt Lowen an den Zeltstädten der Obdachlosen vorbei, die vor einer Reihe Lagerhäuser ein Spalier bilden. Bunte Graffiti blühen an den Wänden. Er biegt in eine Sackgasse ein und parkt vor einem Betongebäude gegenüber einer Plastikfabrik. Alles hier wirkt gedrängt – Autos, Einzäunungen, Gewerbebauten. Lowen steigt eine metallene Treppe zu einem Balkon hinauf.

Im Gym umarmt ihn Bobby Villaver. Bobby betreibt den Boxstall nicht des Profits wegen – er arbeitet in der Stadtverwaltung –, sondern weil er es liebt, anderen das Boxen beizubringen. Er trainiert Lowen seit ein paar Monaten, und Lowen vergöttert ihn.

Auf den Stufen draußen sind Michael Balasis schwere Schritte zu hören. Er ist zehn Jahre älter als Lowen und mindestens fünf Kilogramm schwerer. Durch den Altersunterschied ist Balasi vielleicht etwas langsamer auf den Beinen, aber das wird er durch seine Boxerfahrung wettmachen. Auf Balasis Brust ranken sich die Tätowierungen, auch sein rechtes Bein ist vollständig von ihnen bedeckt. Die Tinte in der Haut lässt ihn bedrohlicher wirken, imposanter. Neben ihm sieht Lowen ziemlich albern aus. Er hat dieses extrabreite Grinsen im Gesicht. Er springt herum, schüttelt seine Arme, scherzt mit ein paar Bekannten. „Die Leute denken, er ist übergeschnappt", sagt seine Freundin Logan. „Sie glauben, er ist respektlos oder nimmt die Sache nicht ernst." Aber Logan weiß, dass das Lowens Art ist, ruhig zu bleiben, sich zu konzentrieren. Das ist der Lowen, den Tyson am liebsten mag: sein Bruder, das große Kind.

Bobby ruft die beiden Männer in den Ring, und in der Sekunde, in der Lowen zwischen den Seilen durchsteigt, fällt alle Blödelei von ihm ab. Er trägt seinen Mundschutz, seine Boxhandschuhe. Er atmet schwer. Seine Augen beobachten Balasi, sehen niemanden sonst. Seine plötzliche Verwandlung ist nicht überraschend, sie ist furchterregend.

Balasi und Lowan stehen sich gegenüber. Bobby sagt etwas, was nur die beiden hören können, und tritt an den Rand des Rings. Die Glocke zur ersten Runde schrillt. Sekunden später hat Lowen Balasi in die Seile gedrückt, lässt ihm keinen Ausweg.

Logan ist ganz ruhig – wie immer, wenn Lowen kämpft. Sie mag es nicht, wenn sich alle aufregen – als ob sie glaube, Lowen könne ihre Gedanken hören, spüren, wie sie ihn im Stillen beschützt.

Lowen, blutüberströmt, nach dem Sieg über Eduard Folayang

Jetzt schlägt Lowen seinem Gegner ins Gesicht. Nicht einmal. Nicht zweimal. Sondern wieder und wieder. Lowen und Balasi kämpfen noch ein paar Runden, stets mit gleichem Ergebnis. Lowen beherrscht den Ring, seine Füße tanzen, sein ganzer Körper ist darauf aus, dem anderen Schaden zuzufügen.

Balasi hat keine Chance.

Später am Abend, auf der Rückfahrt nach 'Ewa, redet Lowen über seinen Stil. „Ich schmeiße den Gegner um", sagt er. „Hawaiianer sind nicht besonders groß, nicht sonderlich massig oder stark. Aber Kerle wie ich müssen sich einfach prügeln." Lowen redet schnell, eindringlich. Das Adrenalin vom Kampf strömt noch durch seine Adern. „Wir Hawaiianer sind Krieger", sagt er.

Als er nach 'Ewa hineinfährt, kommt er an den Häusern seiner Cousins und früherer Klassenkameraden vorbei. Die Männer sitzen auf ihren Veranden und vor ihren Garagen, die Türen offen, um die kleinste Brise zu erhaschen, und trinken Bier. Sie reden, worüber Männer hier so reden: die Brandung, ihre Frauen, die Arbeit. Sie kommen über die Runden, sie lachen nach einem langen Tag.

Die Drogendealer stehen an der Ecke, unter gelben Straßenlampen. Einer von ihnen erkennt Lowens Truck – alle erkennen Lowens Truck und heben die Hände, zeigen Shakas, während Lowen als Sieger durch die Siedlung rollt. ■

Kristiana Kahakauwila kennt Gegenden wie 'Ewa, in denen „Mädchen schwanger und Jungs verhaftet werden", aus eigener Anschauung. Hier spielen einige ihrer Kurzgeschichten (siehe auch Seite 132). **Barbara Baumgartner** hat den Text übersetzt.

Kopffüßer mit Köpfchen

Kraken sind von allen Wirbellosen die wohl intelligentesten Tierchen. Sie bewegen sich mit eingebautem Rückstoßantrieb durchs Wasser und können sich, da sie kein Skelett besitzen, in kleinste Ritzen zwängen. Viele haben einen Lieblingsarm, den sie häufiger benutzen. Rechts: eine Antipatharia-Koralle

Hausbesetzer

Viele Einsiedlerkrebse haben einen weichen, spiralförmig gebogenen Hinterleib, den sie mit Vorliebe in die leeren Häuser von Meeresschnecken stecken: Schutz und Zierde zugleich

Pazifische Preziosen

Wenn Fotografen vor Hawaii tauchen, haben sie meist nur die Großen im Visier: Wale, Mantarochen, bunte Kofferfische. Doch am Meeresboden und zwischen Korallen verstecken sich zauberhafte Geschöpfe der Gattung Wirbellose. Fotografin Susan Middleton bringt sie groß raus

Einweg-Panzer

Von den Augen bis zu den Beinspitzen bildet *Liomera Supernodosa* (unten) einen starren Panzer aus. Ein Schutz, der ihr eine Häutung unmöglich macht. Der Einsiedlerkrebs oben hat es einfacher: Er sucht sich flugs eine neue Muschel, wenn ihm die alte zu klein geworden ist

Wo ich bin, ist vorn

Schlangensterne wie *Ophionereis porrecta* bewegen sich flink. Nur: Wie schaffen sie es, ohne Gehirn ihre Bewegungen zu koordinieren? Biologen glauben, dass die Tiere einen Arm zum Führungsarm erklären, dem die anderen vier dann folgen. Ganz unten: eine Weiße Phantomkrabbe, *Tanaoa distinctus*

Auch am Meeresboden funkelt eine Sternenpracht

Perfekt angepasst, trotz und dank bizarrer Kostüme

Cheerleader

Pomponkrabben der Gattung *Lybia edmondsoni* tragen zwei Büschel Anemonen an ihren Vorderscheren – wie die Lamettabündel, mit denen amerikanische Cheerleader ihre Mannschaften anfeuern. Mit dem Unterschied, dass die Nesselfäden der Anemonen giftig sind – und eine Berührung deshalb schmerzhaft verläuft

Mit allen Wassern gewaschen

Der in Hawaii heimische *Ciliopagurus hawaiiensis* (oben links) und der Blaue Halloween-Einsiedlerkrebs (oben rechts) werden oft von Aquarienhändlern angeboten. Doch Vorsicht: Die Tierchen sind sehr aggressiv und streiten sich mit anderen um das bessere Gehäuse. Die Feilenmuschel (unten) schützt sich mit klebrigen Tentakeln vor Fressfeinden. Verheddern sich diese, wirft sie die Tentakeln einfach ab und verschwindet

Interview

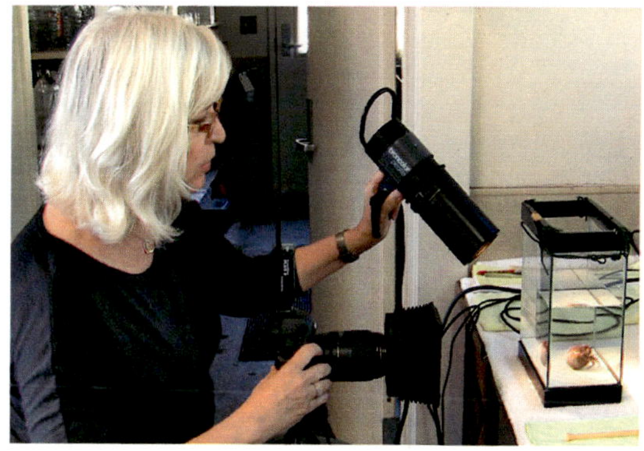

Frau Middleton, die meisten Fotografen träumen von großen Tieren. Sie lichten Wirbellose ab.
Ich weiß, Wirbellose werden gern übersehen, aber mir sind sie ans Herz gewachsen. Ohne Wirbellose gäbe es kein Leben auf diesem Planeten. Wie so oft, sind es die kleinen Dinge, die zählen. Und ehrlich gesagt, sind Wirbellose ziemlich spektakulär.
Wo kriegen Sie die Tiere her?
Ich richte mein Studio auf Forschungsschiffen ein. Taucher bringen die Tiere nach oben – und nachdem ich sie fotografiert habe, werden sie zurückgesetzt.
Sind Wirbellose schwer zu fotografieren?
Sie können sich vorstellen, dass man Krebsen schlecht Anweisungen geben kann. Wenn wir sie ins Aquarium setzen, verkriechen sie sich entweder in ihr Gehäuse. Oder sie rasen im Kreis herum. Man braucht ziemlich viel Geduld.
Auf den Bildern sieht es nicht so aus, als ob die Tiere im Wasser wären.
Ich verwende eine spezielle Blitztechnik. Aber natürlich schwimmen sie im Wasser. Das ist ihr Lebensraum.

Ihr Lieblingstier?
Ich liebe Einsiedlerkrebse, weil sie ihren eigenen Kopf haben. Ich habe schon einige dabei beobachtet, wie sie Muscheln Probe gefahren sind – und dann verschmäht haben. Und: Sie gibt es schon viel länger als uns Menschen. ■

Susan Middleton: In den Tiefen des Ozeans. Die schillernde Welt der Wirbellosen. *Knesebeck Verlag, 2014, 49,95 €*

GEO SAISON Panorama-Kalender: Die schönsten Gärten dieser Welt

Natur in Reinkultur: Mit seinen Panoramafotos entwirft dieser Kalender ein Portfolio blühender Fantasie. Es geht etwa nach Japan, wo im Herbst der Ahorn mohnrot anläuft, und in den englischen Landschaftspark Painshill, den Raureif zart verschleiert. Eine Reise zu den prachtvollsten Gärten der Welt, in denen formale Strenge regiert oder kunstvoll arrangierter Wildwuchs.

Format: 120x50 cm
Best.-Nr.: G728489, Preise: A: € 99,99/CH: sFr. 122,–

€ 99,99

Vorteilspreis für Abonnenten:
€ 89,99

GEO SAISON-Kalender: Im Licht des Südens

Ein Ballon steigt in die warme Luft über den Tuffsteinkegeln Kappadokiens, in der Provence kommt die Schönheit in violetten Wellen und an der Adria in Apulien leuchtet ein Fischerdorf mit dem Abendlicht um die Wette: Eine Entdeckungsreise am Mittelmeer mit sonnendurchfluteten Landschaftsbildern, die zum Träumen animieren.

Format: 50x45 cm
Best.-Nr.: G728492, Preise: A: € 29,99/CH: sFr. 37,–

€ 29,99

Vorteilspreis für Abonnenten:
€ 25,99

Oder per Telefon bestellen unter +49 (0)40/422 36 427 (Bitte Aktionsnr. G00120 angeben)

Spion wider Willen: Carl Meyer befestigt eine Filmkamera an der Flosse eines Tigerhais. In Rückenlage fallen die Tiere in Trance und sind wehrlos

DIE SENDUNG MIT DEM HAI

2013 tötete ein Tigerhai vor Maui eine deutsche Urlauberin. Auch anderswo häuften sich die Attacken. Wissenschaftler wollen nun klären, ob die Tiere gezielt Jagd auf Menschen machen

TEXT **FLORIAN HANIG**

ZWISCHEN 1995 UND 2010 attackierten Haie vor Maui im Durchschnitt anderthalbmal pro Jahr Menschen. In diesen 15 Jahren blieb es meist bei kleineren Bisswunden, nur ein Mensch kam um. 2012 und 2013 aber schoss die Zahl der Angriffe nach oben, auf sieben jährlich. Gleich zwei davon endeten tödlich. Ein unglücklicher Zufall? Oder hatte sich etwas im Verhalten der Haie verändert? Dr. Carl Meyer, Hai-Experte der Universität Hawaii, wurde von der Umweltbehörde beauftragt, auf diese beunruhigende Frage eine Antwort zu finden. GEO-Redakteur Florian Hanig hat ihn begleitet, als er vor Maui auf die Jagd nach Tigerhaien ging.

→ Dr. Meyer, wie angelt man sich einen bis zu 650 Kilogramm schweren Tigerhai?

Im Prinzip wie jeden anderen Fisch auch: Wir werfen Leinen mit Haken aus, auf die wir Thunfischköpfe spießen. Ein paar Stunden später holen wir sie wieder ein.

→ Ich hatte mehr Kampf erwartet. Der Hai eben verhielt sich ziemlich friedlich – obwohl er fast so lang war wie unser Boot.

(Lacht) 4,08 Meter waren das! Weibchen werden noch größer: 4,64 Meter sind unser Rekord. Und das Friedfertige täuscht gewaltig. Tigerhaie sind enorm kräftig. Wir verwenden die größten Stahlhaken, die wir kriegen können, aber oft biegen die Haie sie einfach gerade. Wir haben eine spezielle Technik entwickelt, sie so neben das Boot zu holen, dass wir ihnen ein Tau um die Schwanzflosse legen können. Dann versuchen wir, sie auf den Rücken zu drehen. Dadurch fallen sie in eine Art Trance. Die erlaubt es uns, einen Peilsender an der Finne zu befestigen. Und einen Signalgeber unter ihre Haut zu pflanzen.

→ Wieso verwenden Sie gleich zwei Sender?

Die Radiosender setzen nur ein Signal an den Satelliten ab, wenn der Hai seine Flosse aus dem Wasser streckt. Das ist eine gute Methode, um größere Bewegungsmuster zu studieren. Aber wir erfahren so nicht, was die Haie unter Wasser treiben, also pflanzen wir ihnen auch Akustiksender ein, die einen individuellen Code ausstoßen. Und wir verteilen Empfänger am Grund des Meeres, die aufzeichnen, welche Haie dort im Umkreis von einigen Hundert Metern vorbeischwimmen. Und wie lange sie sich dort aufhalten.

→ Lässt sich so vor Haien warnen?

Nein, denn das Gerät registriert ja nur die Haie, die einen Sender haben. Zufälligerweise hatten wir einen Empfänger nahe der Stelle versenkt, wo der bisher letzte tödliche Angriff passiert ist, vor einem Strand bei Makena. Am Tag darauf holten wir ihn hoch und sahen in der Auswertung, dass Haie an 70 Prozent aller Tage an dieser Stelle vorbeigeschwommen sind. Aber sie blieben nie länger als ein paar Minuten. Am Tag des Angriffs waren auch zwei von unseren „besenderten" Haien in der Gegend, allerdings Stunden vor und nach dem Unglück. Das ist ein Erkenntnisgewinn für uns: Haie verweilen nicht stunden- oder tagelang am selben Ort, sondern: Küstenabschnitte gleichen wenig befahrenen Straßen, auf denen jeden Tag ein paar Haie schwimmen. Und wenn man zur falschen Zeit am falschen Ort ist, begegnet man leider einem. →

→ Aber die Sender verraten Ihnen nicht, was der Hai macht.

Richtig. Wir haben inzwischen auch angefangen, Haie mit Kameras zu bestücken, um die Unterwasserwelt aus ihrer Sicht mitzuerleben. Diese Kameras sind sehr teuer, aber die Ergebnisse sind spektakulär: Ein Sandbankhai hat aufgenommen, wie er sich einer Gruppe von Haien anschloss. Wenige Stunden später war diese Gruppe auf mehrere Hundert Exemplare angewachsen, die in 50 Meter Tiefe über das Riff glitten. Nicht nur Sandbank-, sondern auch Hammerhaie und Schwarzspitzen-Riffhaie. Bis dahin hatten wir keine Ahnung, dass solche riesigen Schwärme existieren. Und wir wissen auch nicht, weshalb das der Fall ist. Es könnte eine Schutzstrategie sein, denn diese kleineren Haie zählen zur bevorzugten Beute großer Tigerhaie.

→ Fischer haben erzählt, dass die seichten Gewässer zwischen Maui, Molokini und Kaho'olawe der Kreißsaal für Tigerhaie sind und sie sich aus diesem Grund vermehrt dort tummeln.

Ich glaube nicht, dass die Gewässer vor Südmaui besonders viele Haie anziehen, die dort gebären. Tigerhaie haben keine klar definierten Austragungsreviere wie andere Fische. Während der Geburtssaison fangen wir überall um Hawaii Tigerhai-Babys. Es gibt auch keine Korrelation zwischen der Paarungs- oder Austragungszeit und der Häufigkeit von Hai-Attacken.

→ Was ist mit den anderen Vermutungen, die man auf Maui oft hört? Zum Beispiel, dass der Schutz der Meeresschildkröten dazu geführt hat, dass sich die Hai-Population vergrößern konnte. Oder dass die Haie, die vom Maui Ocean Center wieder ausgesetzt werden, fortan Menschen mit Futter assoziieren.

Ich höre die wildesten Storys. Die Schildkröten-Theorie setzt voraus, dass Haie in der Vergangenheit nicht genug zu essen hatten und der reiche Bestand an Schildkröten jetzt die Population anschwellen lässt. Dagegen spricht, dass Tigerhaie eine Vielzahl von Dingen verschlingen: Igelfische, Flötenfische, andere Haie. Wenn ein Nahrungsbestandteil wegfällt, ersetzen sie ihn durch einen anderen. Tigerhaie sind Generalisten, was die Ernährung betrifft, wie der Mensch. Das macht sie als Spezies so erfolgreich. Es gibt auch keine Beweise dafür, dass freigelassene Haie aus dem Aquarium nun Menschen jagen. Hätte sich ein Hai auf Menschen spezialisiert, wäre kein Strand mehr sicher. Ehrlich gesagt brauchen wir keine derart exotischen Erklärungen. Wir wissen, dass Haie vertikal dynamisch jagen, das heißt, sie pendeln zwischen dem Boden und der Wasseroberfläche. Und dort treffen sie auf Menschen, die von der Größe her der Beute entsprechen, die Tigerhaie gern fressen.

→ Ist ein Angriff auf Menschen also ein Fehlgriff? In einem Hai-Informationszentrum wurde erklärt, dass Haie nach dem ersten Biss ablassen, wenn sie einen knochigen Surfer im Maul haben – und keine fette Robbe.

Ich glaube, Fehler ist das falsche Wort. Und der Fettgehalt spielt wohl keine Rolle. Ein Mensch, der an der Wasseroberfläche planscht, schnorchelt, surft, sendet genug Signale aus, um bei einem hungrigen Hai einen Versuchsbiss auszulösen. Was danach passiert, lässt sich auch mit der Vorsicht von Haien erklären: Sie ziehen sich oft zurück und warten darauf, dass ihr Opfer stirbt, um nicht das Risiko einzugehen, selbst verletzt zu werden. Menschen wird nach einem Biss aber meist geholfen, sie werden an Land gebracht. Wenn man sich anschaut, wie vielfältig der Speiseplan von Haien ist, sehe ich keinen Grund, weshalb sie gerade uns verschmähen sollten.

→ Trauen Sie sich dann überhaupt noch ins Wasser?

Natürlich. Ich surfe für mein Leben gern. Und ich fische auch unter Wasser mit der Harpune. Seltsamerweise habe ich beim Wellenreiten noch niemals einen großen Hai gesehen. Beim Harpunenfischen am Meeresboden dagegen Hunderte. Aber ich passe beim Surfen schon auf und gucke um mich. Ein Tigerhai – und ich wäre sofort am Strand.

→ Gibt es einen Schutz? In Australien verwenden viele Surfer elektrische Hai-Schutzschilde.

Haie haben ein sehr empfindliches Organ, das auf elektrische Impulse reagiert, insofern könnte ich mir gut vorstellen, dass diese Geräte funktionieren. Aber als wir eines ausprobiert haben und Köder neben einem eingeschalteten Gerät ins Wasser warfen, war das Ergebnis ernüchternd: Die Haie sind direkt darauf zugeschossen und haben die Köder verschlungen.

→ Und was ist von diesen Regeln zu halten: Nicht in dreckigem Wasser surfen, nicht abends oder morgens ins Wasser gehen?

Die meisten Hai-Angriffe in Hawaii fanden zwischen 10 und 16 Uhr statt, also mache ich mir keine Sorgen, wenn ich ganz früh Wellenreiten gehe. Aber ich surfe nach schweren Regenfällen aus Prinzip nicht – es fühlt sich nicht gut an, auf einem Brett zu sitzen und seine Beine im braunen Wasser nicht zu sehen, wenn man weiß, dass es hier Haie gibt. Zum anderen spült der Regen viele Bakterien ins Meer. Und Aas, das wiederum Haie anzieht. Aber hier muss ich einwerfen: Die meisten Haie bissen im kristallklaren Wasser zu.

→ Ist der Grund für die Häufung von Hai-Attacken dann einfach die Tatsache, dass immer mehr Menschen ins Wasser gehen?

Unser Forschungsprojekt ist noch nicht abgeschlossen. Ich kann also nicht ausschließen, dass sich das Verhalten der Haie verändert hat. Aber wir wissen sicher, dass sich die Zahl der Menschen, die im Wasser Erholung suchen, in den vergangenen zwei Jahrzehnten dramatisch erhöht hat. Mehr als zwei Millionen Menschen besuchen Maui pro Jahr, um hier zu schwimmen, zu surfen, zu schnorcheln. So gesehen sind sieben Attacken pro Jahr unglaublich wenig. Selbst zehn Angriffe pro Jahr wären noch im Bereich der statistischen Variabilität. An diesem Punkt der Forschung schließen wir nichts aus, aber es gibt im Englischen ein Sprichwort: Wenn du Hufschläge hörst, denk an Pferde, nicht Zebras. Sprich, die einfachste Erklärung ist meist die wahrscheinlichste. Und in diesem Fall scheint mir ein Szenarium naheliegend, bei dem sich das Verhalten der Haie nicht verändert hat. Aber das der Menschen sehr wohl. ■

Bis Redaktionsschluss hatte sich 2014 nur ein Vorfall ereignet: Ein Schwimmer wurde von einem etwa zwei Meter langen Riffhai vor Pa'ia in den Fuß gebissen. Aktueller Stand: tinyurl.com/hai-angriffe. Die von Carl Meyer mit Sendern versehenen Haie lassen sich im Internet verfolgen: „Pick your shark" auf tinyurl.com/hai-forschung.

DAS MAGAZIN VON
JAMIE OLIVER
jamie
Mehr Leben in der Küche
CLEVER KOCHEN
Jamie zeigt Köstliches
für wenig Geld
JETZT WIRD'S
HERZHAFT!
89
REZEPTE!
Moderne Herbstküche: Kotelett, Focaccia, Hack in Blätterteig, Salat, Lachs-Taco und viel mehr. Gutes Essen für gute Freunde!
Côte d'Azur - wie cool!
Tolle Adressen in Nizza
GRANDIOSE OFEN-HITS
Absolute Verführer
Kuchen und Desserts
LUST AUF SALAT
TOLLES MIT BEEREN
SANDWICHES FÜR ALLE!
HERRLICHE KUCHEN
Jetzt JAMIE im Abo sichern!

Symbol eines neuen Selbstbewusstseins: Seit Kalas Vater und dessen Freunde mit der »Hokule'a« den Pazifik durchmessen haben, sind viele Hawaiianer wieder stolz auf ihre polynesische Abstammung

KALAS REISE ZU DEN STERNEN

Im amerikanischen Alltag findet sie kein Ziel. Aber auf dem Deck ihres Kanus navigiert Kala Baybayan durch die Weiten des Pazifik. Ohne Kompass. Nur mit dem Wissen ihrer Vorfahren. Die Geschichte einer wundersamen Seerettung

TEXT **FLORIAN HANIG** FOTOS **BRIAN BIELMAN**

W**ENIGE WOCHEN NOCH**, dann wird sie Abschied nehmen von ihrem Sohn. Für zwei Monate, vielleicht länger. Er wird es nicht verstehen, schließlich ist er erst zwei Jahre alt. So wie sie es als Kind nie verstanden hat, dass ihr Vater sie verließ. Wieder und immer wieder.

Bis sie eines Nachts die Delfine hörte.

Es ist ein heißer Oktobertag in Lahaina, einem kleinen Hafenort an der Westküste Mauis. Kala Baybayan sitzt in Shorts und T-Shirt auf dem mattrot gestrichenen Rumpf eines Doppel-Kanus, eine junge Frau, die ihre schwarzen Haare mit einem Zopf gebändigt hat und beim Lachen zwei Reihen weiß glänzender Zähne zeigt. Ihr Name bedeutet Sonne auf Hawaiianisch.

Kala befestigt die Querlatten auf dem Oberdeck mit weißem Tau, das sie mit schnellen Fingern festzurrt. Eine leichte Brise weht vom Strand herauf unter das riesige Sonnensegel, das das 19 Meter lange Kanu schützt; wiegt die Palmen entlang der Küstenstraße.

Ihr Vater, sagt Kala, sei der starke, ruhige Typ. Er sage nichts, wenn es nichts zu sagen gebe. „Meine Cousins und ich, wir hatten alle Angst vor ihm." Wild sah er aus, wenn er nach Hause kam, 1980 zum Beispiel, nach seiner ersten Reise mit der „Hokule'a" nach Tahiti. Ausgemergelt, sonnenverbrannt, mit einem Bart wie ein Dschungel im Gesicht.

Chad Baybayan gehörte zur ersten Generation der modernen hawaiianischen Seefahrer, die der Welt gezeigt hat, dass man die Weiten des Pazifik ganz ohne Kompass, Sextant und Karten überqueren kann. Nur anhand der Sterne. Inzwischen ist er einer von nur fünf Hawaiianern, die den Titel eines Meisters der Navigation tragen.

→

Sie bewahrt sein Erbe: Kala und ihr Vater Chad

Als Kala mit Mitte 20, nach einigen ziellosen Semestern an der Universität, auf dem Kanu mitfahren wollte, verstehen wollte, was ihren Vater immer fortzog, traute sie sich nicht, ihn zu fragen. Sie wandte sich an ihre Großmutter. Wenige Wochen später reiste sie zu ihm und konnte nur daran denken, dass sie die einzige Frau an Bord sein würde. Auf einem Kanu ohne Toilette. Und wenn sie seekrank würde?

Es waren dann aber junge Nachwuchsmatrosen, die ihr Abendessen über die Reling schickten. Kala fühlte sich sicher in der Nähe ihres Vaters und ärgerte sich nur, weil dieser sie ausgerechnet für die Wache von zwei bis sechs Uhr in der Nacht eingeteilt hatte. Da schlief doch jeder! Doch als sie in der Dunkelheit das Ruder übernahm, begriff sie: „Sonst bist du immer in Autos, Zimmern, aber hier fehlten plötzlich alle Wände und das Dach. Nur ich unter diesem Ozean von Sternen. Nicht mehr in einer Box gefangen, sondern frei."

Später in der Nacht kam ihr Vater und fragte sie, ob sie es hörte. Was?, fragte Kala. Er führte sie zum Bug. Und dort konnte sie es vernehmen. Tschu, tschu, tschu. Das Schnattern der Delfine, die durch die Bugwelle des Kanus sprangen.

An diesem Abend beschloss Kala, Navigatorin zu werden. Wie ihr Vater.

W**ÄHREND DER NÄCHSTEN JAHRE** lernt sie die Bahnen von 220 Sternen auswendig, die ihr zu verschiedenen Jahreszeiten den Weg nach Hause leuchten; sie lernt, dass ein Tag keine 24, sondern nur 23 Stunden und 56 Minuten hat, sodass die Sterne jeden Tag um vier Minuten weiterrücken; sie lernt, mit ausgestrecktem Arm und zwei oder drei Fingern zu messen, ob die beiden Achsen des Südlichen Kreuzes gleich lang sind, was bedeutet, dass sie auf dem Breitengrad angelangt ist, auf dem Hawaii liegt; und sie lernt, dass ein Schwarm von Noio-Seeschwalben Land ankündigt, denn sie fischen nicht weit von der Küste – dass ein einzelner Noio aber nichts zu bedeuten hat, weil es sehr wahrscheinlich ein Teenager ist, der da draußen seinen Spaß hat.

Sie schließt sich einer Gruppe von *voyagers* in Lahaina an, die mit Spendengeldern ein Hochseekanu bauen: die „Mo'okiha o Pi'ilani". Die Rümpfe lassen die jungen Kanuten aus demselben Material fertigen wie ihre Surfboards: Polyester. Denn es finden sich keine großen Koa-Bäume mehr auf den Inseln, die man hätte aushöhlen können. Doch ansonsten folgen Kala und ihre Mitstreiter der polynesischen Tradition, die keine Nägel und Schrauben kennt. Eisen erreichte die Inseln erst 1778 mit James Cook. Und sie pflanzen einen Koa-Wald auf Big Island, damit ihre Großenkel in über hundert Jahren wieder traditionelle Kanus bauen können.

Im September 2013 legt Kala ihre „Führerscheinprüfung" als polynesische Meerespfadfinderin ab. Mit sechs anderen Nachwuchsnavigatoren muss sie von Kaua'i nach Nihoa segeln, das 150 nautische Meilen nordwestlich liegt. Es ist eine winzige Insel, unbewohnt. Sie brechen um neun Uhr auf, orientieren sich an der Sonne, schätzen die Windstärke und korrigieren den Kurs gemäß der Strömung. Und folgen mit dem Doppelbug des Kanus nach Sonnenuntergang den hellsten Sternen in den vier verschiedenen Quadranten.

Die Novizen am Steuer bilden zwei Teams und wechseln sich alle drei Stunden ab. Auch das berechnen sie anhand der Sterne. Und liegen nie mehr als eine Minute daneben. Um halb sieben am nächsten Morgen taucht die Insel auf, in der Sichtlinie zwischen den beiden Bootsrümpfen des Kanus. „Ich hätte vor Glück sterben können", erzählt Kala. „Wir hatten eine winzige Insel aus diesem riesigen Ozean herausgezogen."

Wo andere nur unendliches Blau sehen, sieht Kala seither eine Karte.

Ein paar Tage später besucht eine Schulklasse die „Mo'okiha", das Kanu in Lahaina. Kala erzählt den Kindern, die mit ihren Handys rumspielen, was für ein berauschendes

Land mit Land verbinden: Die Hawaiianer nehmen einen Stein an Bord, der von einem Priester gesegnet wurde und den sie in Tahiti überreichen werden. Auch beim Bootsbau folgen sie der Tradition: Keine Schrauben oder Nägel, nur Taue halten das Kanu zusammen

Gefühl es sei, nur mit dem Körper, mit den Sinnen die eigene Position auf dem Planeten bestimmen zu können. Ohne Google Maps. Ohne iPhone. Sie spricht von *empowerment*, von einer Kultur, die fast untergegangen wäre, wenn sie 1973 nicht noch einen letzten Navigator gefunden hätten – auf der winzigen Pazifikinsel Satawal. Davon, dass sie stolz darauf sein können, dass die Polynesier auf diese Weise den Pazifik erforscht hätten, lange bevor die Europäer hier anlegten.

Sie erzählt es auf Englisch. Ihr Urgroßvater mütterlicherseits war der Letzte in ihrer Familie, der noch Hawaiianisch gesprochen hat.

Anfang Dezember wollen sie das Kanu zu Wasser lassen, an einem Tag mit einer besonders Glück bringenden Sternkonstellation, aber dann tauchen mehrere der Freiwilligen nicht auf, die beim Schieben helfen sollten. Im Monat darauf stellen sie fest, dass sie für den Trailer, mit dem sie das Kanu zum Hafen ziehen wollen, eine Straßenzulassung brauchen, die erst beantragt werden muss.

Ihre Jungfernfahrt als Nachwuchsnavigatorin wird Kala also nicht auf der „Mo'okiha" antreten können, „ihrem" Kanu aus Maui, sondern auf der „Hikianalia", dem „Schwesterkanu" der „Hokule'a" aus Oahu. Der Anruf kommt Ende Januar. Kala, die auf der Reserveliste geführt wird, rückt in die Crew auf, die den ersten Abschnitt einer Weltreise bestreiten soll, zu der die „Hokule'a" und die „Hikianalia" zusammen aufbrechen werden. Über 47 000 Seemeilen sollen die Boote zurücklegen, binnen vier Jahren Häfen in 26 Ländern anlaufen, darunter Neuseeland, Australien, Südafrika, die USA. Der erste Abschnitt führt von Big Island nach Tahiti – jene Strecke, die ihr Vater vor 34 Jahren gefahren ist. Chad Baybayan wird den Kurs der „Hokule'a" bestimmen, Kala an Bord der „Hikianalia" folgen.

EIN PAAR WOCHEN vor dem geplanten Aufbruch liegt Kala in einem Zelt auf dem Campus der Universität von Hawaii in Hilo neben ihrem Vater auf dem Boden, über ihr funkelt der Sternenhimmel. Chad Baybayan hat mit einigen Wissenschaftlern ein mobiles Planetarium entwickelt, ein Zelt, auf dessen Dach der Nachthimmel projiziert wird. Als „Navigator in Residence" vermittelt er so den Astronomiestudenten sein Wissen. An diesem Abend aber geht er mit Kala die Reise nach Tahiti durch – anhand der Sternkonstellationen, die sie sehen werden. Praxistraining. Und eine spirituelle Erfahrung, wird Kala später sagen.

Die Kultur ändere sich auf Hawaii, erzählt sie. Der Einfluss der US-Amerikaner werde stärker. Kleinfamilien ersetzten die Großfamilien. Manche Hawaiianer würden ihre Eltern inzwischen sogar in Altenheime bringen, weil sie keine Zeit mehr für sie hätten. Kala schüttelt den Kopf. „Alles, was ich weiß", sie deutet auf ihren Kopf, „verdanke ich meinem Vater. Und meinen Vorfahren." Wenn sie nachts auf dem Boot liege und die Sterne sehe, fühle sie sich mit ihren Vorfahren verbunden. Und →

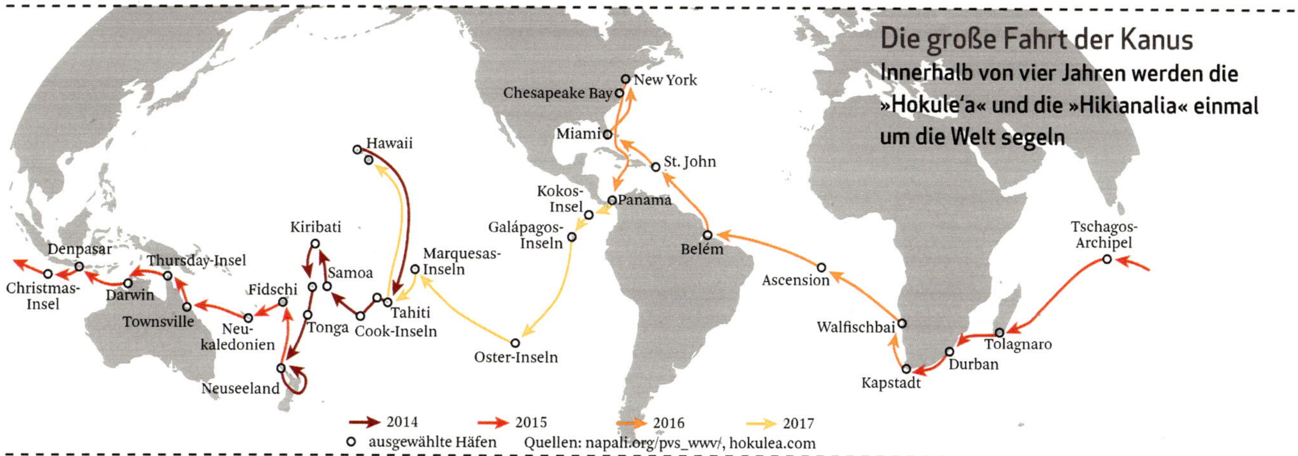

Die große Fahrt der Kanus

Innerhalb von vier Jahren werden die »Hokule'a« und die »Hikianalia« einmal um die Welt segeln

Der Aufbruch: Kleinere Kanus begleiten die »Hokule'a« auf der Fahrt aus dem Hafen. Kala verabschiedet sich von ihrem Vater, der auf dem Schwesterkanu fährt. Und von ihrem Sohn. Sie wird ihn zwei Monate lang nicht sehen

dann hat sie manchmal Angst, dass dieses Wissen verlöschen könnte. In der nächsten Generation schon. Mit den Kindern, die lieber auf ihre Handys gucken als in die Sterne.

BEI DER ERSTEN FAHRT der „Hokule'a" 1976 kam es an Bord zu einem handfesten Streit zwischen den hawaiianischen Seemännern und den amerikanischen Anthropologen, welche die Reise dokumentieren sollten. Die nämlich hatten moderne Navigationsinstrumente an Bord geschmuggelt, als Lebensversicherung, sollte das Kanu vom Kurs abkommen. Für die Inselcrew war es ein Verrat, der ihr ganzes Projekt infrage stellte. Sie wollten mit ihrer Fahrt beweisen, dass die Polynesier ohne solche Hilfsmittel den Pazifik erobert hatten, und wollten sich nicht dem Vorwurf aussetzen, zu schummeln.

Auch was den Proviant betraf, beschränkten sich die ersten Kanuten deshalb auf hawaiianische Lebensmittel: Taro und Fisch hauptsächlich.

Bei der Weltumsegelung 38 Jahre später müssen sie diesen Beweis nicht mehr antreten. Vor dem Hafenbecken von Sands Island stapeln Kala und die anderen Matrosen durchsichtige Plastikcontainer mit dem Durchschnittssortiment eines amerikanischen Supermarktes: Corned Beef in Dosen, Pastasoße und Nudeln, Kaffee – der Proviant für die Fahrt, sie laden ihn wieder aus. Auf dem Boot haben sich Holzameisen eingenistet – eine invasive Art, die sie nicht nach Tahiti einschleppen wollen. Also muss das Kanu zwei Tage in einem Zelt ausgeräuchert werden, bevor es wieder beladen werden kann.

Und bei dieser Fahrt werden sie zwar keinen Kompass, aber jede Menge Elektronik mitführen: Laptops, Kameras, Telefone. Denn diese Reise findet gleich zwei Mal statt – auf dem Meer und im Internet. Alle paar Tage bloggen die 15 Teilnehmer, was sie an Land und auf dem Wasser erleben. Die Position der Kanus lässt sich auf hokulea.com per Satellit verfolgen.

Am 24. Mai, dem Tag der Abschlusszeremonie, nimmt Kala ihren Sohn mit auf das Kanu. Um drei Uhr war sie aufgestanden, hatte mit einem Priester den Sonnenaufgang zelebriert und sich von Freunden mit Blumenketten schmücken lassen, hatte die hawaiianischen Gesänge von Folkloretruppen angehört. Mit einem Lächeln im Gesicht und müden Augen.

Jetzt reißt sie sich zusammen in der Hitze, um mit dem Zweijährigen Versteck zu spielen. Der öffnet alle Kisten und Luken, rennt auf dem Deck herum.

Es wird ein Abschied in Raten, denn die Passatwinde, die Hawaii sommers belüften, haben sich noch nicht eingestellt. Jeden Morgen treffen sich die Seeleute unter einem großen weißen Sonnensegel am Hafen. Und starren auf die Palmen, deren Blätter träge herabhängen. Erst eine lange Woche später, am 1. Juni, frischt der Wind auf, 20 bis 25 Knoten, rüttelt in den roten Segeln der Kanus, die sich nach oben vergrößern, damit sie den Wind über den Wellenkämmen einfangen können.

Ihren Vater verabschiedet Kala mit einem traditionellen Ha, die beiden reiben ihre Nasen aneinander und ziehen gleichzeitig die Luft ein, teilen den Atem und so das Leben miteinander. Ihren Sohn hebt sie hoch und presst ihn fest an sich. Dann besteigt sie das Schlauchboot, das sie zum Kanu bringen wird. ■

Brian Bielman arbeitet als Surf- und Porträtfotograf in Honolulu. Und verliert auch bei schwerem Seegang nie die Balance – und die gute Laune. Heftredakteur **Florian Hanig** hat auf Maui viele Stunden mit Kala auf dem Deck ihres Kanus verbracht, leider nur im Trockendock.

Hula lebt

Graziös im Gleichschritt: Beim Merrie-Monarch-Festival treten die besten Tänzerinnen der Inseln auf

Dieser Tanz ist so viel mehr als nur eine Touristenattraktion, nämlich gesungene Geschichtsstunde, anmutiger Götter-Dienst. Und auch, wie sich jeden April beim Merrie-Monarch-Festival in Hilo zeigt: ungestüme Lebensfreude

FOTOS **JEN JUDGE**

ANMUT ZÄHLT

Prüfender Blick in den Spiegel – alles muss sitzen: der Farnschmuck, die Haare, das Kleid. Das Lächeln der Tänzerinnen überspielt die Anspannung, denn für jedes verlorene Blatt gibt es Punktabzug. Das Merrie-Monarch-Festival, merriemonarch.com, ist König David Kalakaua gewidmet, der von 1874 bis 1891 regierte. Wie Ludwig II. förderte er die Künste, besonders den Tanz, von dem er sagte: »Hula ist der Herzschlag der Hawaiianer.« Das nächste Festival findet vom 5. bis zum 11. April 2015 auf Big Island statt, wo auch die Tikis zu finden sind, polynesische Götterstatuen aus Holz

GRANDIOSE NATUR
Kostüme und Schmuck der Hula-Tänzerinnen sind von der überwältigenden Natur der Inseln inspiriert, etwa den Akaka-Fällen, die nördlich des Festivalorts Hilo 129 Meter in die Tiefe stürzen

O‘ahu entdecken

Die meisten Urlauber bleiben in der Hauptstadt Hawaiis und dem angrenzenden Waikiki Beach. Und verpassen so die schönsten Seiten der Insel. Davor bewahrt die GEO-Special-Tagesroute

Hanauma Bay

Die 160 Kilometer lange Tour lässt sich an einem Tag bewältigen. Wer einen Tag mehr Zeit hat, kann zwei Runden drehen: südlich und nördlich des Highway No. 3

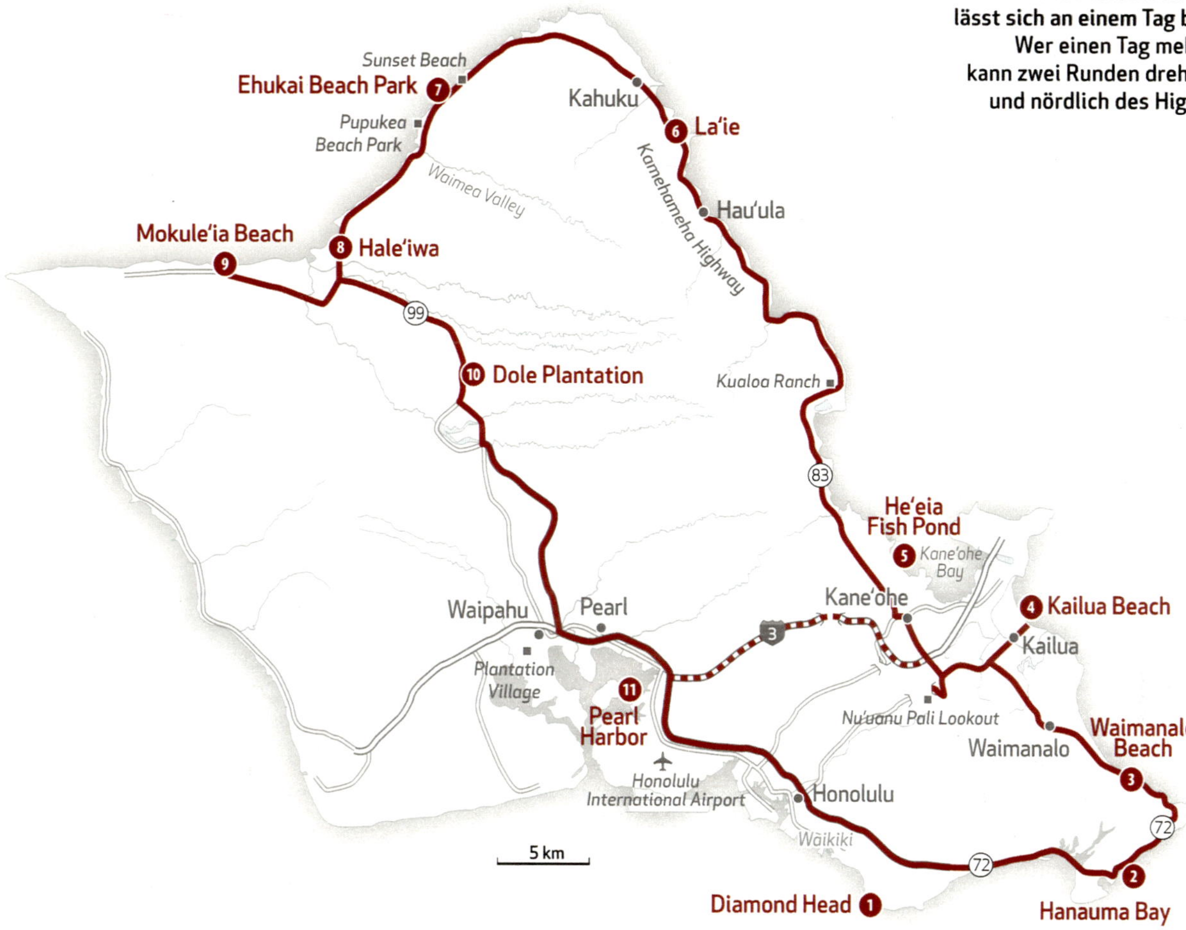

Nur in Waikiki zu bleiben wäre schade, O'ahu verblüfft mit seiner Vielfalt. Eine Fahrt rund um die Insel ist gut an einem Tag möglich. Ausflüge nach Pearl Harbor oder zur Hanauma Bay sollten Sie separat unternehmen. Die Rundtour führt über etwa 100 Meilen, 160 Kilometer. Mietwagen sind in Waikiki kurzfristig für einen Tag zu leihen; für 3,80 € können Sie sogar den öffentlichen Bus (Linien 57, 55 und 52), thebus.org, rund um O'ahu nehmen – das dauert etwas, aber Sie lernen garantiert viele Leute kennen.

❶ DIAMOND HEAD

Ab 6 Uhr ist der uralte Vulkankrater geöffnet, und es lohnt sich, früh zu kommen. Am Ende des gut ein Kilometer langen Trails durch alte Weltkriegsbunker wartet am Kraterrand ein weites Panorama über Waikiki im Morgenlicht. Tipp: Holen Sie sich auf dem Weg nach oben Frühstücks-Panini zum Mitnehmen bei Tucker & Bevvy, 2586 Kalakaua Avenue, im Park Shore Hotel, ab 7 Uhr geöffnet.

❷ HANAUMA BAY

Fast zu Tode geliebt, aber immer noch schön: Am Eingang zur beliebtesten Schnorchelbucht O'ahus steht oft schon morgens eine lange Schlange von Badelustigen. Kommen Sie deshalb lieber gegen 14 oder 15 Uhr. Aber nicht dienstags, dann haben die Fische frei und der Park ist geschlossen.

❸ WAIMANALO BEACH

„Magnum"-Fans werden die Kulissen am Fuße der grünen Klippen erkennen: Hier, am 41-505 Kalanianaole Highway, steht das Haus des TV-Detektivs. Von der Straße aus ist wenig zu sehen, aber im kleinen Beach Park nebenan kann man zumindest an Magnums Strand spazieren. Gut für ein *shave ice* danach: Keneke's, 41-857 Kalanianaole Highway. Der eigentliche Strand von Waimanalo mit wunderbar weißem Sand liegt drei Kilometer weiter nördlich, versteckt in einem Wäldchen, und ist werktags ruhig. Zur Einstimmung auf Ihren Besuch: der Song „Waimanalo Blues".

❹ KAILUA BEACH

Zwar ist Kailua nur eine Schlafstadt für Honolulu, 20 Minuten entfernt über den Pali Highway, aber der weite, weiße Sandstrand des Ortes ist der schönste auf O'ahu. Riffe und Inselchen schützen die Bucht und machen den Kailua Beach Park perfekt →

Waimanalo

zum Baden, Kajakfahren oder Windsurfen. Wenn die Berge über der Stadt klar sind, lohnt auch ein Abstecher zum Nu'uanu Pali Lookout, und damit zu einem luftigen Panoramablick über die Pali-Klippen.
Essen: Für ein Strandpicknick bietet am Parkeingang der Kalapawai Market, 306 S Kalaheo Avenue, leckere Salate und Sandwichs. Oder Sie fahren ins gemütlich-familiäre Ortszentrum um die Kailua Road zum Uahi Island Grill, 131 Hekili Street, Tel. 001-808/266 46 46. Hier gibt es Korean Steak Salad oder Fisch in rotem Curry.
Übernachten: Lanikai Beach Rentals, 1277 Mokulua Drive, Kailua, Tel. 001-808/ 261 78 95, lanikaibeachrentals.com, DZ ab 120 €. Rick Maxey, der Fischer in Alaska ist, vermietet im Strandviertel Lanikai hübsche kleine Apartments und große alte Häuser.

5 HE'EIA FISH POND

Der riesige Fischteich am Südrand der Kane'ohe Bay zeigt die Dimensionen der einstigen ausgeklügelten hawaiianischen Aquakultur. 35 Hektar groß ist die künstliche Lagune, deren zwei Kilometer langer Steinwall derzeit von einer hawaiianischen Kulturgruppe restauriert wird. Nur eine schlichte, nicht ausgeschilderte Betonauffahrt führt ans Ufer und zum Büro, vor dem die Führungen beginnen, 46-077 Ipuka Place, Kane'ohe, Tel. 001-808/236 61 78, paepaeoheeia.org, Mo–Fr 8–16 Uhr.
Noch mehr hawaiianische Geschichte wartet am Nordende der Kane'ohe Bay. Auf dem Gelände der Kualoa Ranch, Tel. 001-808/237 73 21, kualoa.com, die Kulisse für Filme wie „Jurassic Park", „Godzilla" und „Lost" war, werden Ausritte und Filmtouren angeboten, ab 20 €.
Essen: He'eia Pier General Store & Deli, 46-499 Kamehameha Highway. Boote dösen im Hafen, aus dem Fenster der Wellblechhütte auf dem Pier werden große Portionen *kalua pig* und dampfendes *guava chicken* gereicht.

6 LA'IE

Dieser Ort ist bekannt für hier gezüchtete Shrimps und für das Polynesian Cultural Center, 55-370 Kamehameha Highway, Eintritt mit Show ab 50 €, eine Art Disneyland mit Südsee-Motto. Tatsächlich sind die nachgebauten Südseedörfer durchaus authentisch und die „Bewohner" kommen großteils von den Inseln. Der Grund: In La'ie haben Mormonen bereits 1955 eine Universität gegründet, an der junge Leute aus dem ganzen polynesischen Raum studieren, die dann oft auch im Cultural Center arbeiten.
Essen: Ach ja, die Krabben: Fumi's und Romy's bei Kahuku nördlich von La'ie sind die besten unter vielen Straßenständen, die sie gebrutzelt, gedämpft oder frittiert anbieten.

7 EHUKAI BEACH PARK, NORTH SHORE

Das Epizentrum der donnernden Wellen: Vor diesem Strandpark liegt der legendäre Surf-Break Banzai Pipeline, häufiger Schauplatz großer Wettbewerbe im Winter und

He'eia Fish Pond

Dole Plantation

auch sonst ein Logenplatz zum Surferschauen bei 15-Meter-Wellen. Nach Osten hin ziehen sich die ebenso berühmten Sandstrände von Sunset Beach. Im Westen schließt Pupukea Beach Park an: im Sommer eine Schnorchelbucht, trotz des abschreckenden englischen Namens Shark Cove. Für das Waimea Valley nebenan, eine Art wild gewordener botanischer Garten, sollten Sie auf jeden Fall einige Stunden einplanen: ein grünes Dschungeltal mit Hibiskusgärten, mannshohen Farnen und Bambuswäldern. Auf dem rund einen Kilometer langen Weg zu einem Bilderbuch-Wasserfall mit Badeteich erahnt man noch etwas von der Zeit, als dies das heilige Tal der Priester war.
Übernachten: Ke Iki Bungalows, 66-250 Kamehameha Highway, Hale'iwa, Tel. 001-808/638 82 29, keikibeach.com, DZ ab 118 €. Trotz seines Namens spricht Manager Greg Gerstenberger kein Deutsch. Buchen Sie also auf Englisch eines seiner Zimmer direkt am Strand.

❽ HALE'IWA

Auf jedem Auto ein Surfboard, Flipflops als gängige Schuhmode – kein Ort auf Hawaii verkörpert so sehr die legere Surfkultur der Inseln wie Hale'iwa. Und die eng vernetzte Szene stemmt sich erfolgreich gegen Shoppingmalls und Modernisierung. So bummelt man auf löchrigen Gehsteigen durch sympathisch angeschmuddelte Surfläden mit teuren Ripcurl-Tanktops wie das Surf n' Sea, 62-595 Kamehameha Highway, und begutachtet an den Straßenständen die neuesten Tribal-Tattoos.

Essen: Die besten *curries* der North Shore rührt Opal Thai im Hale'iwa Shopping Centre an, 66-197 Kamehameha Highway, Tel. 001-808/637 79 50.
Erstklassige vegetarische Kost für ein Frühstück oder für den Lunch serviert The Beet Box Cafe, 66-443 Kamehameha Highway, Tel. 001-808/637 30 00, alles auch zum Mitnehmen für den Strand.
Abends hört man die besten Surf-Storys in der Bar des Breakers Restaurant, 66-250 Kamehameha Highway.

❾ MOKULE'IA BEACH

Es lohnt sich, über Hale'iwa hinaus noch weiter an die Nordwestküste zu fahren. Für „Lost"-Fans auf jeden Fall: Etwa 500 Meter nach dem alten Flugplatzrollfeld liegt rechter Hand der Strand, an dem alles begann, denn hier gingen in der ersten Episode der TV-Serie die Überlebenden an Land. Im Sommer kann man in Ruhe baden und sonnenbaden. Im Winter nicht, dann ist es windig und wellig.

❿ DOLE PLANTATION

Auf der zentralen Hochebene von O'ahu bewirtschaftet der Obstgigant Dole die letzten Ananasfelder Hawaiis. Das Visitor Center, 64-1550 Kamehameha Highway, tgl. 9.30–17 Uhr, huldigt der Frucht mit historischen Bildern und einer sehenswerten Kitschorgie an Souvenirs: Ananas-Plüschfiguren, Ananas-Ohrringe, Ananas-Lippencreme.

⓫ PEARL HARBOR

Jetzt wird es patriotisch: Das jüngst neu gestaltete Besucherzentrum schildert mit Filmen und großen Dioramen die Hintergründe zu Japans Angriff am 7. Dezember 1941. Die Bootstour zum USS Arizona Memorial ist nicht unbedingt die Wartezeit wert (früh kommen!), interessanter sind das Museums-Schlachtschiff „USS Missouri" und das U-Boot „USS Bowfin".
Falls Sie eine weniger martialische Attraktion suchen: Die Führungen in Hawaiis Plantation Village, 94-695 Waipahu Street, Mo–Sa 10–14 Uhr, 10 €, vermitteln einen lebendigen Einblick in die Ära der Zuckerarbeiter.

Pearl Harbor

Lava und Eis

Die ganze Welt auf einer Insel: Big Island beherbergt fast alle Klimazonen dieses Planeten – und zieht einen besonderen Schlag Menschen an. Eine Entdeckungsreise in elf Stationen

Snowboarder schätzen den Schnee auf dem 4205 Meter hohen Gipfel des Mauna Kea. Im Hintergrund: der Mauna Loa

Gut 400 Kilometer misst die Strecke rund um Big Island, etwa sieben Stunden reine Fahrzeit: in einem Tag machbar – aber ohne Stopps. Planen Sie lieber fünf bis sieben Tage ein, am besten als Rundtour

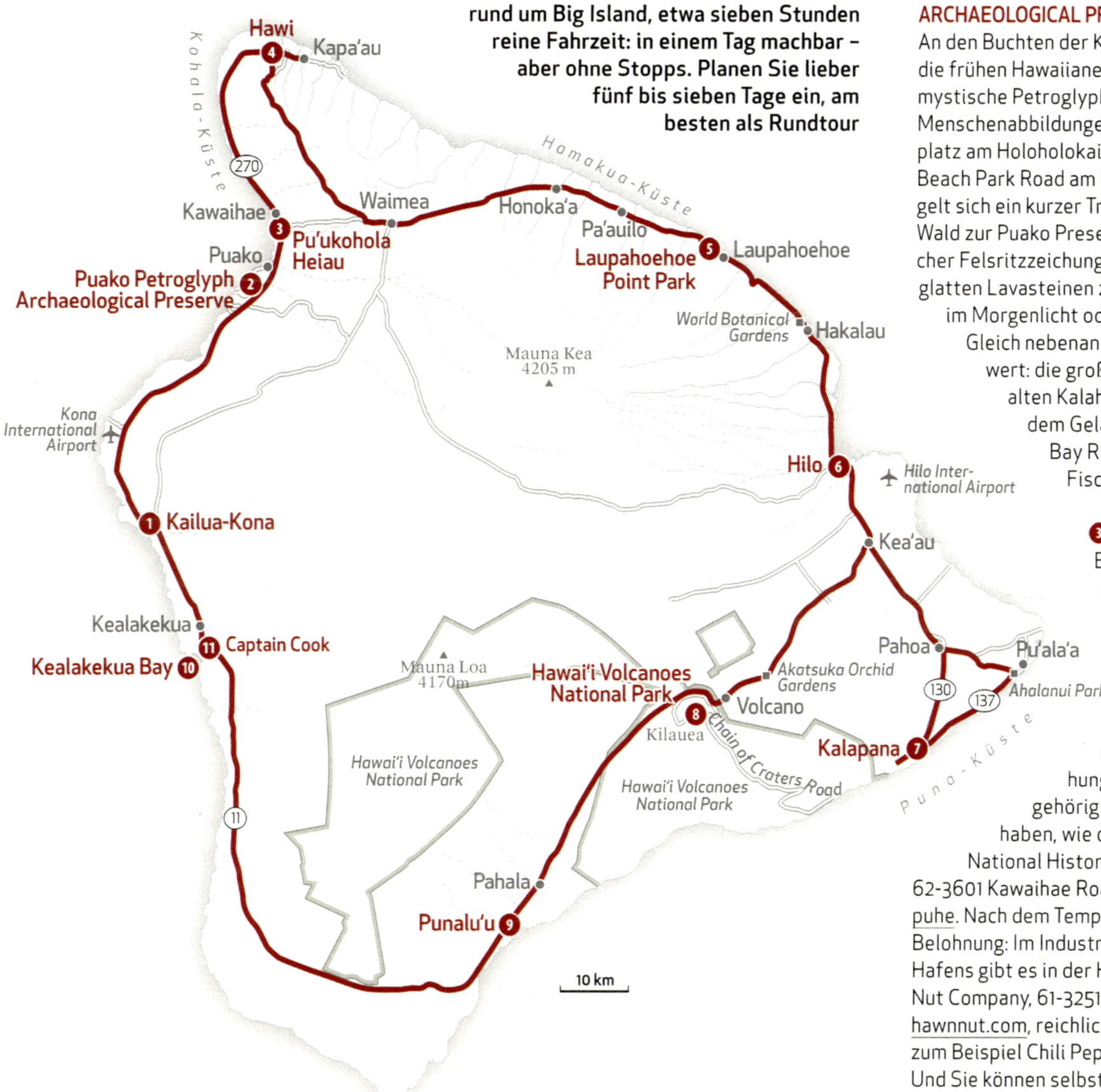

❷ PUAKO PETROGLYPH ARCHAEOLOGICAL PRESERVE

An den Buchten der Kohala-Küste siedelten die frühen Hawaiianer, und sie hinterließen mystische Petroglyphen, stilisierte Tier- und Menschenabbildungen in Stein. Vom Parkplatz am Holoholokai Beach, Holoholokai Beach Park Road am Fairmont Orchid, schlängelt sich ein kurzer Trail durch dichten Kiawe-Wald zur Puako Preserve. Mehr als 1000 solcher Felsritzzeichungen sind dort in den glatten Lavasteinen zu erkennen, am besten im Morgenlicht oder spätnachmittags. Gleich nebenan und ebenfalls sehenswert: die großen, teils bis 1700 Jahre alten Kalahuipua'a-Fischteiche auf dem Gelände des Mauna Lani Bay Resort, in denen bis heute Fische gezüchtet werden.

❸ PU'UKOHOLA HEIAU

Beeindruckend, was die Hawaiianer einst bauten: Die Plattform für den Kriegstempel von König Kamehameha I. ist etwa 50 Meter lang und muss bei der Einweihung 1791 allen Gegnern gehörig Respekt eingeflößt haben, wie das Visitor Center der National Historic Site erläutert, 62-3601 Kawaihae Road, Kawaihae, nps.gov/puhe. Nach dem Tempelrundgang die Belohnung: Im Industriegebiet nördlich des Hafens gibt es in der Hamakua Macadamia Nut Company, 61-3251 Maluokalani Street, hawnnut.com, reichlich Nüsse zu probieren, zum Beispiel Chili Peppah oder Hula Jalapeno. Und Sie können selbst versuchen, eine Macadamia-Nuss zu knacken. →

Rechtes Seitenfenster: Berg; linkes Seitenfenster: Wasser. Diese Aussicht wird auf Big Island auch am siebten Tag dieser Tour nicht langweilig. Mieten Sie am besten einen Allrad-Wagen, und planen Sie Übernachtungen an der West- und Ostküste ein. Wollen Sie vogelfrei und nostalgisch unterwegs sein, können Sie sich auch für einen renovierten VW-Bus mit Campingausrüstung entscheiden: happycampershawaii.com, ca. 100 € pro Tag.

❶ KAILUA-KONA

Das Zentrum der Westküste. An der Hafenbucht liegt der 'Ahu'ena-Tempel, in dem früher die Könige Hawaiis ihre Opfer gebracht haben, heute startet dort, Anfang Oktober, der legendäre Ironman-Triathlon. Der Alii Drive, gesäumt von Läden und Lokalen, folgt von hier der dicht bebauten Küste nach Süden – schön für einen Spaziergang am Abend. **Essen:** Den perfekten Sunset-Blick und sehr guten Mahi-Mahi-Fisch serviert The Fish Hopper, 75-5683 Alii Drive, Tel. 001-808/326 20 02, fishhopper.com. Wer nach dem Hauptgang noch Platz hat, sollte den „Lilikoi Cheese Cake" probieren. Urige Hafenkneipen finden Sie im Honokohau Small Boat Harbor: zum Beispiel Harbor House, wo das kalte Bier in Berliner-Weiße-Gläser gefüllt wird, oder die Bite Me Fish Market Bar nebenan mit schöner Veranda, 74-425 Kealakehe Parkway. Von der Bar des Sheraton Kona ganz am Südende von Kailua-Kona aus sind abends oft Mantarochen zu beobachten.

Kailua-Kona: The Fish Hopper

Hawi: Bamboo Restaurant

König-Kamehameha-Statue

Essen: Seafood Bar, 61-3642 Kawaihae Road, Kawaihae, Tel. 001-808/880 93 93, seafoodbarandgrill.com. Lange Bar mit Strohdach-Look, bei der man Schirmchen-Drinks, Kokos-Shrimps und gedämpften Fisch mit Shiitakepilzen bestellen kann. Zur Happy Hour zwischen 15 und 18 Uhr sowie ab 21.30 Uhr kosten die Vorspeisen 6 € und die Drinks nur 3–4 €.

4 HAWI

Wetten, dass Sie irgendwo auf der Fahrt über die Kohala-Halbinsel einen Regenbogen sehen? Kaum zu glauben bei der sonnendurchglühten Küste im Westen, aber oben in den Hügeln regnet es immer irgendwo. Nehmen Sie sich Zeit für die von Plantagen und Pinienwäldern umrahmten nostalgischen Dörfer, schauen Sie sich die alten Kirchlein an und die Statue von König Kamehameha I. in Kapa'au. Und fahren Sie bis ans Ende des Highway 270, wo Sie einen großartigen Blick über die Steilküste präsentiert bekommen.

Essen: Derart exzellente Küche hätte man dem verschlafenen Hawi nicht zugetraut: Bamboo, 55-3415 Akoni Pule Highway, Tel. 001-808/889 55 55, bamboorestaurant.info, serviert hawaiianisch-asiatische Kost, das Sushi Rock, 55-3435 Akoni Pule Highway, Tel. 001-808/889 59 00, sushirockrestaurant.net, ein paar Häuser weiter ungewöhnliche Sushi-Kreationen.

Übernachten: Teuer, aber schön ist das Hawaii Island Retreat, 250 Lokahi Road, Kapaau, Tel. 001-808/889 63 36, hawaiiislandretreat.com, DZ ab 150 €. Ein kleines, sehr privates Wellnessresort auf hoher Klippe über dem Meer; mit Yogaprogramm, Freiluft-Massagetisch und Luxus-Jurtenzelten für die Nacht in der Natur.

5 LAUPAHOEHOE POINT PARK

Strände gibt es nicht an der Nordküste von Big Island, aber wilde Wellen, schön zu erleben vor den zackigen Lavafelsen im Laupahoehoe Point Park. Früher wurde hier, an der feuchten, fruchtbaren Hamakua-Küste, vor allem Zuckerrohr angebaut. Heute ist die Landwirtschaft vielfältiger, wie die Hawaii Vanilla Company mit einem kreativen Vanille-Lunch beweist, 43-2007 Pa'auilo Mauka Road, Pa'auilo, Tel. 001-808/776 17 71, thevanillachef.com. Was hier sonst noch alles bestens wächst, zeigen die World Botanical Gardens, 31-240 Old Mamalahoa Highway, Hakalau, wbgi.com, 12 €.

6 HILO

Sympathisch verlottert kommt Hilo daher, die wichtigste Stadt der Ostküste, deren rustikalem Charme man am besten auf dem Hilo Farmer's Market, Mi und Sa, nachspürt. Das Tsunami-Museum, 130 Kamehameha Avenue, Mo–Sa 9–16 Uhr, 6 €, dokumentiert die tödliche Gewalt der Flutwellen. Im Sig Zane nebenan geht es fröhlicher zu: Hier gibt es edle Stoffe für Hula-Kleidung.

Essen: Ken's House of Pancakes, 1730 Kamehameha Avenue, kenshouseofpancakes.com, ist wohl der beliebteste Coffeeshop auf Big Islands, 24 Stunden geöffnet, mit Riesenportionen Loco Moco und süßen Stapeln von Pancakes.

Übernachten: Dolphin Bay Hotel, 333 Iliahi Street, Hilo, Tel. 001-808/935 14 66, dolphinbayhotel.com, DZ ab 90 €. Kleines Motel mit sehr hilfsbereitem Personal.

7 KALAPANA

Das alternative Image des paradiesisch grünen Puna District an der Ostspitze von Big Island stammt aus den 1960er Jahren, als die ersten Hippies hierherzogen. Später kamen Bio-Farmer und weitere Aussteiger hinzu. Die Region sieht zwar derzeit etwas zerzaust aus, denn im August 2014 pustete ein Hurrikan viele Bäume um. Aber es lohnt sich, erst in Pahoa durch die Hauptstraße zu bummeln und dann auf dem Highway 130 weiter bis Kalapana zu fahren – bis zum steinigen Ende, denn hier hat die Lava vor einigen Jahren die Straße blockiert. Je nach Eruptionsstand fließt die Lava ins Meer, oder man sieht abends den Widerschein hoch oben am Berg (siehe auch Seite 86). Die hawaiianischen Guides der Kalapana Cultural Tours, Tel. 001-808/936 04 56, kalapanaculturaltours.com, wissen, wo etwas zu sehen ist. Für die Rückfahrt: die Baumtunnel am Highway 137 und die heißen Quellen im Ahalanui Park.

Essen: Die besten Smoothies und Muffins weit und breit bekommen Sie in Pahoa in der Tin Shack Bakery, 15-1500 Akeakamai Loop. Üppigere Mahlzeiten wie Steaks, Fisch und sehr leckere Tempura Ahi Rolls serviert Kaleo's, 15-2969 Pahoa Village Road, Tel. 001-808/965 56 00. Am besten, Sie kommen Mittwochabend, dann ist am Ende der Straße in

Kalapana

Kalapana bei Uncle Robert's ein großer Farmer's Night Market: mit viel echtem Aloha-Spirit und örtlicher Live-Band.
Übernachten: Wenn Sie in einem der Ferienhäuser an der Puna-Küste wohnen, haben Sie es nach dem Nachtmarkt nicht weit, Tel. 001-808/965 04 00, bigislandvacationrentals.com.

8 HAWAI'I VOLCANOES NATIONAL PARK

Das spektakulärste Ziel auf Big Island: Planen Sie mindestens ein bis zwei Tage für Wanderungen und eine Fahrt hinab zur jungen Lavaküste auf der Chain of Craters Road ein. Das feuchte Klima an der Nordflanke des Vulkans lässt Farne und Luftwurzler besonders gut gedeihen. In den Akatsuka Orchid Gardens, 11-3051 Volcano Road, akatsukaorchid.com, tgl. 9–17 Uhr, nahe dem Parkeingang blühen Tausende Orchideen. Die verpackten Setzlinge lassen sich gut mit nach Hause nehmen.

9 PUNALU'U

Die von hohen Palmen umringte Sichelbucht aus pechschwarzem Lavasand ist längst kein Geheimtipp mehr – aber immer noch schön. Japaner lieben das Souvenirfoto mit den großen Meeresschildkröten. Die purzeln überall in den Wellen herum und ruhen sich danach am Strand aus. Zehn Kilometer nördlich liegt die Ka'u Coffee Mill, 96-2694 Wood Valley Road, kaucoffeemill.com, am Rand des verträumten Plantagen-Städtchens Pahala. Der Besitzer Edmund Olson zeigt gern, wie hier Kaffee geröstet wird.

10 KEALAKEKUA BAY

Die historische Bucht, in der 1779 Captain Cook erschlagen wurde, blieb bis heute fast unberührt und ist dank des klaren Wassers eines der besten Schnorchelziele. Vom Strandpark auf der Südseite können Sie in die Bay schwimmen oder auf einer geführten Kajaktour zum Cook Memorial paddeln, Tel. 001-808/322 28 68, alohakayak.com, ab 75 €. Dort wachsen eindrucksvolle Korallen. Katamaran-Touren mit Schnorcheln bietet Fair Wind von Kailua-Kona aus an, Tel. 001-808/322 27 88, fair-wind.com, ab 75 $.

11 CAPTAIN COOK

Das Straßendorf am Highway 11 liegt im Herzen des Kaffeegürtels von Big Island. Mit viel Herzblut erzählen die Führerinnen der Kona Coffee Living History Farm, 82-6199 Mamalahoa Highway, Mo–Fr 10–14 Uhr, 12 €, von der Geschichte und dem Anbau der Kaffeebohnen in Hawaii. Auf den kleinen Plantagen wird aber auch anderes angebaut: Kakao etwa von der Original Hawaiian Chocolate Factory, 78-6772 Makenawai Street, Kailua-Kona, Tel. 001-808/322 26 26, ohcf.us, Führungen Mi und Fr, 12 €. Ganz anders der sechs Hektar große Greenwell Ethnobotanical Garden, 82-6160 Mamalahoa Highway, bishopmuseum.org/greenwell, Di–So 9–16 Uhr, 5 €: 200 Pflanzenarten aus der Zeit vor Captain Cook werden hier bewahrt, seltene Koki'o-Hibisken und sogar Insekten wie die endemischen Kamehameha-Schmetterlinge.
Essen: Einen netten Obststand führt Fruity Judy Bonnington am Highway 11 nahe Meilenstein 94. Was immer die Plantage gerade frisch hergibt, liegt am Straßenstand aus. Herzhaftere Kost – berühmt sind „Pork chops" – kommt im einfachen Restaurant des Manago Hotel auf den Tisch, wo Sie auch in einem der schlichten Zimmer mit weitem Küstenpanorama übernachten können, 82-6151 Mamalahoa Highway, Tel. 001-808/323 26 42, managohotel.com, DZ ab 28 €.
Übernachten: Weit luxuröser schläft man in den Zimmern der Frühstückspension Ka'awa Loa Plantation, 82-5990 Napoopoo Road, Kealakekua, Tel. 001-808/323 26 86, kaawaloaplantation.com, DZ ab 100 €.

BÜCHER

Stuart Holmes Coleman: Eddie Would Go. Die Geschichte von Eddie Aikau, hawaiianische Surflegende und Pionier des Big Wave Surfing. *Maiworm, 2011, 14,80 €.* Der Titel sagt es, hier wird die Lebensgeschichte eines legendären „Waterman" erzählt. Gleichzeitig aber auch die Geschichte Hawaiis. Eddie Aikau war nicht nur Surfer, er war der erste Rettungsschwimmer der North Shore, und er opferte sich auf der Tahiti-Fahrt der „Hokule'a" (siehe Seite 108) für die Rettung seiner Kameraden.

Barack Obama: Ein amerikanischer Traum. Die Geschichte meiner Familie. *dtv, 2009, 9,90 €.* Lange vor seiner Wahl, nämlich 1995, schrieb der jetzige Präsident diese Autobiografie, in der er sich auf die Suche nach seinen Wurzeln macht. Hawaii ist die Kulisse für seine Jugendjahre in der multikulturellen Gesellschaft der Inseln.

Mark Twain: Post aus Hawaii. *Mare Verlag, Hamburg 2010, 24 €.* Erstmals wurde dieses frühe Werk von Twain nun komplett ins Deutsche übertragen. 368 Seiten voller Wortgewalt mit bissigen und witzigen Einsichten über die Inseln im Jahr 1866, als Twain mehrere Monate dort verbrachte. So viel darf verraten werden: Weder die missionarischen Amerikaner noch die naiven Hawaiianer kommen darin gut weg.

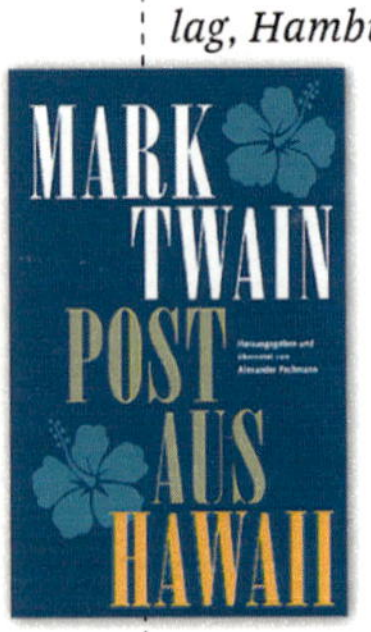

Kristiana Kahakauwila: This is Paradise. *Hogarth, 2013, in englischer Sprache, Trade Paperback, 11,56 €.* Die Autorin der Reportage „Shaka für einen Krieger" in diesem Special (siehe Seite 88) hat in ihrem ersten Buch eine Reihe Kurzgeschichten versammelt, die Hawaii in einem neuen Licht zeigen: authentisch und ebenso brutal wie zärtlich.

Torben Sonntag: Viel Bier um nix. Ein Hawaii Actionthriller. *Sonntag Verlag, 2013, 9,90 €.* Rasant zu lesender Urlaubskrimi um eine Entführung in der Surfer-Szene. Geschrieben für Freunde von James-Bond- und Jackie-Chan-Filmen, sehr schräg und turbulent und mit viel eingewobenem Hawaii-Wissen.

Andrew Doughty: Hawaii. The Big Island Revealed. *Wizard Publications, 2013, ca. 11 €.* Die besten Reiseführer, leider nur auf Englisch zu haben, sind die aktuellen „Revealed"-Bände für jede einzelne Insel, also „Maui Revealed" etc. Zwar spiegelt die Auswahl der Attraktionen und Restaurants etwas den amerikanischen Geschmack wider, aber jedes Buch liefert reichlich Tipps für günstige Lokale, einsame Strände und sonstige Aloha-Orte. Exzellent: die zugehörigen Apps dieser Reihe, die als Download-Versionen ohne Internetzugang gut funktionieren und eine Umgebungssuche einbinden. Für IOS und Android, ca. 6 €.

APPS UND LINKS

HI

TripAdvisor Hawaii Travel Guide. *Google Play Store, gratis.* Tausende Reisende können nicht irren, sagt TripAdvisor – und bietet die Bewertung seiner User als leicht bedienbare App. Mit GPS-Funktion, aber auch offline verwendbar.

HI .US

Hawaii Travel Guide With Me Offline. *iTunes Store, gratis.* Für iPad und iPhone (ab Version 5). Diese offline nutzbare App greift auf Wikivoyage zurück und kann so vielfältige Hintergrundinfos bieten.

tinyurl.com/Plastik-im-Paradies. Ein Film über den unermüdlichen Kampf gegen den Müllstrudel im Pazifik und Plastik im Paradies. 15 Minuten, die Sie Hawaiis Strände anders sehen lassen.

Check-in

PLANEN

Einen guten Überblick über die Inseln bietet die Seite der offziellen Tourismus-Agentur Hawaiis gohawaii.com.de. Vor allem wichtig zu wissen: In den amerikanischen Sommerferien (Juli/August), zu Ostern, Thanksgiving und zum Jahreswechsel ziehen die Preise stark an.

EINREISEN

Wer ohne Visum in die USA reist, muss seit 2009 eine elektronische Reisegenehmigung beantragen, und zwar spätestens (!) drei Tage vor Abflug, https://esta.cbp.dhs.gov. Der Antrag wird in der Regel binnen Sekunden elektronisch genehmigt. Die Gebühr, etwa 11 €, kann nur per Kreditkarte abgerechnet werden. Informationen zum Verfahren auf Deutsch: esta-online.org.

SPAREN

In Bio-Supermärkten, zum Beispiel Mana Food in Pa'ia oder Whole Foods in Kailua und Honolulu gibt es leckere Sushi-, Curry- und Nachos-Boxen fürs Picknick am Strand, die einen deutlich teureren Restaurantbesuch überflüssig machen. Sie können den Archipel auch mit Wwoof Hawaii, wwoofhawaii.org, erleben, einer Organisation, die Helfer an rund 280 Bio-Farmen vermittelt. Unterkunft und Verpflegung sind dann frei.

REISEVERANSTALTER

Hawaii ist individuell bestens zu bereisen, aber es empfiehlt sich, Unterkünfte, Mietwagen und Flüge zwischen den Inseln vorab zu buchen. Airtours, FTI, Dertour und andere große Veranstalter haben Hawaii im Programm. Dazu gibt es Spezialveranstalter, die auf Hawaii auch das Besondere anbieten: Individuell kombinierte Rundreisen sind die Stärke von Canusa Touristik, Tel. 0180/530 41 31, canusa.de: Drei Inseln in 15 Tagen zum Beispiel kosten in der Nebensaison ab 1389 €; ohne Langstreckenflug, aber einschließlich Unterkünften, Jeep-Mietwagen, Schnorcheltour auf Maui und Heliflug auf Big Island. Eine geführte Rundreise mit Durchquerung des Haleakala-Kraters ist bei Wikinger Reisen, Tel. 02331/90 47 41, wikinger-reisen.de, zu buchen: 21 Tage mit allen Flügen kosten im Doppelzimmer 4600 €. Im Zelt übernachten Sie bei der dreiwöchigen Wanderreise der Reiseagentur Brandner, Tel. 0711/57 98 89, hawaii-individuell.de. Der Preis inklusive einer zweitägigen Bootstour nach Lana'i, aber ohne Langstreckenflug, liegt bei 2931 €.

BILDNACHWEIS

Fotovermerke nach Seiten. Anordnung im Layout:
l. = links, r. = rechts, o. = oben, m. = Mitte, u. = unten

TITEL: Colin Anderson/Blend Images/Getty Images

EDITORIAL: Naveen Hanig: r. u.

INHALT: Intersection Photos: 4 o.; C2 Photography: 4 l. u.; Olivier Koning: 4 r. u.; Susan Middleton: 5 o.; Jen Judge: 5 m.; Bryan Lowry/lavapix.com: 5 l. u.; Brown W. Cannon III/Intersection Photos für GEO Special: 5 r. u.

KOMPASS: Stefanie Peters/soest.hawaii.edu: 6/7; Design Pics/LOOK-foto: 10 o.; mishka.com: 10 m.; Pakipika Productions LLC: 10 u.; Illustrationen: Ole Häntzschel: 12/13

DIE INSELN DES GLÜCKS: Luca Da Ros/SIME/Schapowalow: 14/15; Dennis Frates: 16; Giovanni Simeone/SIME/Schapowalow: 17; Intersection Photos: 18/19; Rex Features: 20/21; AleSocci/GreenPixel/Bulls Press: 22/23; Jon Cornforth: 24; Rob Hammer/ Aurora Photos: 25

NIE MEHR OHNE MEER: Sabina MacGrew für GEO Special: 26–34; Crystal Jean Baranyk: 30

VON HAMBURG NACH HAWAII: Ron Dahlquist/Corbis: 36/37; Anuradha Seth für GEO Special: 38, 39, 41, 46; Jen Judge: 40, 42–45

JAWS: Franck Berthuot: 48–51; Nikki Brooks: 52, 53

MEIN CHINATOWN: Olivier Koning: 56–63, für GEO Special: 59, 63

STOFF DER ZUKUNFT: FLUX Hawaii: 66, 69 l. o.; http://sigzane.com: 68 l.; GEO: 68 r.; Stella McCartney: 69 r. o.; Moviestore Collection/face to face: 69 l. u.; Getty Images: 69 r. u.

DURCH EINE LANDSCHAFT WIE VOR UNSERER ZEIT: Andre Distel: 70/71; Peter French/Pacific Stock/vario images: 72/73; Russ Bishop Photography: 74; Caleb Kenna: 75; C2 Photography: 76, 78 o.; Guido Cozzi/Schapowalow: 77; John Wehrheim: 78 u.

DIE DAUERBRENNER: Bryan Lowry/lavapix.com: 80/81, 84, 86; Jack Dykinga: 85; Illustration: Stefanie Peters/soest.hawaii.edu

SHAKA FÜR EINEN KRIEGER: Brown W. Cannon III/Intersection Photos für GEO Special: 88–95

PAZIFISCHE PREZIOSEN: Susan Middleton: 96–101

DIE SENDUNG MIT DEM HAI: Carl Meyer/The Hawai'i Institute of Marine Biology: 104

KALAS REISE ZU DEN STERNEN: Brian Bielmann für GEO Special: 108–112

HULA LEBT: Jen Judge: 118–123

SERVICE: Marc Schechter/PhotoResourceHawaii.com: 124; ddp images: 125; Alamy/mauritius images: 126, 137; Tim Rue/Corbis: 127 o.; Luca Da Ros/SIME/Schapowalow: 127 u.; Jon Cornforth: 128; Karl Teuschl für GEO Special: 129, 130 l. o., 142, 143; Douglas Peebles/Danita Delimont/INTERFOTO: 130 r. o.; PR-Fotos: 132; Sofie Louca: 135; James Crawford/Pacific Stock/vario images: 136 o.; stillalife.net: 136 u.; Getty Images: 137, 138 o.; Dave Fleetham/Design Pics/ddp images: 138 u.; Quincy Dein/Pacific Stock/vario images: 139; Holualoa Inn/Jumping Rocks: 140; Water Lily Cottage: 141 o.; Courtesy of Airbnb: 141 u.

VORSCHAU: Dook: 146 o.; Per-Anders Pettersson/laif: 146 u.; Hannes Lochner: 147

INTERVIEW: Laki Kaahumanu: 148

KARTEN: Stefanie Peters: 8, 14–25, 64, 74, 111, 125, 129, 144/145

Für unverlangt eingesandte Manuskripte und Fotos übernehmen Verlag und Redaktion keine Haftung.

Spaß im Nass

Surfen ist auf Hawaii kein Sport – sondern Lebensinhalt. Entsprechend groß ist die Auswahl an Leihstationen und Spots für Kiter, Surfer, Wellenreiter

Hawaii ist der Geburtsort des Surfens und Kitesurfens, viele Produktfotos und Promo-Videos werden in den blauen Buchten der Inseln aufgenommen, auch die meisten Windsurf-Firmen haben vor Ort ihre Entwicklungsteams. Nirgends sonst auf der Welt gibt es über Monate hinweg so viel Wind und so gute Wellen wie hier – Konditionen, von denen Profis und Könner schwärmen, die Anfänger aber schnell überfordern.

Gemäßigte Bedingungen finden Novizen eigentlich nur in der Kailua-Bucht von O'ahu, in der oft ein leichter Wind weht – und sich auch im Sommer keine hohen Wellen aufbauen. Hier eröffnete 1979 der erste Naish-Shop, in dem man Stand-up-Paddle-Boards sowie Kite- und Windsurf-Ausrüstungen leihen kann, 155-C Hamakua Drive, Kailua, Tel. 001-808/262 60 68, naish.com. Die Wellenreitspots an der Nordküste O'ahus sollte man im Winter den Profis überlassen. Ansonsten finden sich in den kleinen Orten entlang der Nordküste unzählige Surfshops und -schulen.

Wer sich vor Maui aufs Wasser wagt, sollte den Wasserstart beziehungsweise Body-Dragging beherrschen. Auf der Insel gilt, dass der Passat im Sommer am stärksten bläst (oft mit 25–30 Knoten), die Wellen aber im Winter am höchsten laufen. Wenn Sie beides suchen, kommen Sie im Frühjahr oder Herbst.

Das Herz der Surfszene in Maui schlägt in der Pauwela Cannery in Ha'iku, 375 West Kuiaha Road. In einer ehemaligen Ananasfabrik werden hochwertige Surfbretter hergestellt – in Kleinauflagen oder als individuelle Custom-Anfertigungen, zum Beispiel von S.O.S Shapes oder Kazuma. Hier residieren auch die beiden Windsurf-Firmen Goya, Tel. 001-808/575 22 00, goyawindsurfing.com, und Quatro, quatrointernational.com. Im Laden kann man durch eine Glasscheibe dem Shaper Keith Teboul bei seiner staubigen Arbeit zuschauen. Im dazugehörigen Cafe Baked sitzen zukünftige neben amtierenden World Champions und genießen Lilikoi-Kuchen und Haselnuss-Lattes.

Wer sich Windsurf-, SUP-, Wellenreit- oder Kite-Equipment leihen möchte, findet mehrere Shops entlang des Hana Highway im Hauptort Kahului, zum Beispiel Second Wind, 11 Hana Highway, Tel. 001-808/877 74 67. Sehr nett (und auch auf Deutsch) werden Sie bei Kanaha Kai beraten, 96 Amala Place, Tel. 001-808/877 77 78. Wenn Sie der Straße Amala Place folgen, erreichen Sie nach rund 800 Metern den Kanaha Beach Park, den populärsten Strand zum Kitesurfen, Windsurfen und Stand-up-Paddeln (SUP). Am legendären Spot Ho'okipa haben schon viele Windsurfer ihr Material zerschellen sehen. Wellenreiter finden am östlichen, windgeschützten Ende der Bucht eine sehr viel gutmütigere Welle. Mit einem zusätzlichen Bonus: Unterhalb der Pavillions kommen jeden Abend viele grüne Meeresschildkröten an Land.

Wer in Hawaii mit einem Brett aufs Wasser geht, sollte unbedingt die Surfer-Etikette beherzigen, surfinghandbook.com/knowledge/surfing-etiquette. Vorsicht beim Schwimmen: Versuchen Sie immer mit den Wellen an Land zu kommen und nicht in den ruhigeren Abschnitten zu schwimmen, dort fließt das Wasser nämlich wieder ab – und zieht Sie aufs Meer hinaus.

Florian Hanig

Let it spray! In der Bucht von Ho'okipa nutzen Surf-Profis wie Francisco Goya die Wellen für ihre Kunststücke

Zur Seele Hawaiis

Die Inseln mögen als 50. Bundesstaat zu den USA zählen, aber an diesen ausgewählten Orten hat der Aloha-Spirit dem American Way of Life standgehalten

Das Bishop Museum in Honolulu

„Hawaii ist wie Ananas aus der Dose", jammern Kritiker, „süß, aber wenig authentisch." Falsch. Trotz amerikanischen Kommerzes, Souvenirläden und kitschiger Touristenshows lebt der viel gerühmte Aloha-Spirit fort. Die polynesischen Wurzeln der Inselkultur sind sogar wieder erstarkt. Einige Orte, an denen Sie der Seele Hawaiis näherkommen:

O'AHU

CINDY'S LEI SHOPPE

1034 Maunakea Street, Honolulu, Tel. 001-808/536 65 38, cindysleishoppe.com
Seit mehr als einem halben Jahrhundert werden in der Maunakea Street im Herzen von Chinatown Leis geknüpft – für Touristen, aber mehr noch für Einheimische. In gekühlten Auslagen hängen die oft sehr aufwendig hergestellten Blütenkränze. Fragen Sie bei Cindy's, ob Sie in den Arbeitsraum schauen dürfen. Vielleicht fädeln Ihnen die alten Ladys einen ganz persönlichen Lei.

KCC SATURDAY FARMER'S MARKET

4303 Diamond Head Road, Honolulu, hfbf.org/markets/markets/kcc
Machen Sie es wie die Einheimischen: Am Samstagmorgen bummeln Sie über den KCC-Markt (7.30–11 Uhr), kosten koreanisches BBQ und leckere Malasadas-Krapfen, kaufen frische Ananas, Guaven und Papayas, plaudern mit Orchideenzüchtern und den picknickenden Nachbarn am Bordstein.

BISHOP MUSEUM

1525 Bernice Street, Honolulu, tägl., außer Di, 9–17 Uhr, bishopmuseum.org, 15 €
Der beste Startpunkt, um Hawaii wirklich zu verstehen: Die Pacific Hall erläutert die Seereisen der Polynesier über die immensen Distanzen Ozeaniens. Die Hawaiian Hall zeigt den Kosmos des alten Inselreichs, vom Fischfang zu Mythen und Menschenopfern. Sehr gut ebenfalls: die Planetarium-Show „Wayfinders" über die Sternnavigation der Polynesier (siehe auch Seite 108–112).

QUEEN EMMA SUMMER PALACE

2913 Pali Highway, Honolulu, tägl. 9–16 Uhr, 6 €
Der offizielle Königspalast Hawaiis, der 'Iolani-Palace in der Innenstadt, ist opulent, aber auch überlaufen. Im kleinen Sommerpalast mit seinem Garten in den kühlen Hügeln über Honolulu dagegen haben die Guides Zeit. Dort erfährt man, dass die Wiege des Kronprinzen von einem deutschen Schreiner gefertigt wurde; und Königin Emma ihr Piano aus Dresden kommen ließ – per Segelschiff um Kap Hoorn. Das Haus ist ein Schrein der Monarchie und zeigt, dass das königliche Leben um 1880 dem „zivilisierten" Europa nicht nachstand.

HOLOHOLO BICYCLES

34 N Hotel Street, Honolulu, Tel. 001-808/ 221 38 99, holoholobicycles.com, ab 30 €
Brandon Reid veranstaltet von seinem Bikeladen aus Führungen durch Honolulu. Bitten Sie ihn unbedingt, dass er Ihnen auf der „Historic Hawaii"-Tour möglichst viele der großartigen Wandgemälde von Kaka'ako zeigt. Hier offenbart sich das junge Hawaii: schrill, übermodern, superkreativ.

THE CORNER KITCHEN

477 Kapahulu Avenue, Honolulu, Tel. 001-808/732 32 17
Essen gibt es auch und nicht mal schlechtes. Aber bekannt und beliebt ist diese legere Musikkneipe am Rand von Waikiki für die allabendlichen Auftritte von hawaiianischen Bands und guten Solisten. Musikern wie Pali Ka'aihue beispielsweise. Direkt gegenüber liegt das Rainbow Drive-in, wo Präsident Obama angeblich manchmal Essen holte.

KAMAKA UKULELE

550 South Street, Honolulu, Führung Di–Fr 10.30 Uhr, kamakahawaii.com
Kein anderes Instrument ist so typisch für Hawaii wie die Ukulele, die auf die von portugiesischen Einwanderern mitgebrachte *braguinha* zurückgeht. Fast seit damals, seit knapp 100 Jahren, baut Familie Kamaka die „hüpfenden Flöhe", wie die Hawaiianer ihre

Fred Kamaka in seinem Ukulele-Laden

Minigitarren nennen. Manchmal führt der bald 90-jährige Fred Kamaka die Besucher selbst durch die Werkhalle und erzählt etwa, wie Beatle George Harrison seine Ukulele kaufte.

THE WILLOWS

901 Hausten Street, Honolulu, Tel. 001-808/ 952 92 00, willowshawaii.com
Eine Oase mit Wasserfällen und Palmen im Häusermeer von Honolulu. Und das Dinnerbuffet mit Poke, Laulau, Lomi-Lomi-Lachs und anderen hawaiianischen Spezialitäten ist so gut wie eh und je.

MAUI

SLACK KEY SHOW

5900 Lower Honoapiilani Road, Lahaina, Tel. 001-808/669 38 58, slackkeyshow.com, 30 €
„Slack-key" ist eine spezielle hawaiianische Gitarrentechnik und Grammy-Preisträger George Kahumoku junior ein wirklicher Virtuose. Immer mittwochs und donnerstags gibt er im Napili Kai Beach Resort Konzerte, spielt und singt mit wechselnden Gaststars.

MAUI FRIDAYS TOWNPARTY

Fr ab 18 Uhr, mauifridays.com
Reihum richten die kleinen Städte Mauis ihre Nachtmärkte aus: am ersten Freitag des Monats Wailuku, hier kommen die meisten Einheimischen zum Einkaufen. Dann folgen Lahaina, Makawao, Kihei. An Flohmarkttischen werden selbst gemachte Marmeladen verkauft, hübsche Muschelketten und hässliches Plastikspielzeug. Dazu spielen lokale Bands.

MAUI SAILING CANOE

Abfahrt am Polo Beach beim Fairmont Kea Lani Hotel, Wailea, Tel. 001-808/281 93 01, mauisailingcanoe.com, 75 €
Okay, die Hina ist ein modernes Auslegerkanu, aber nach der traditionellen Vorlage der polynesischen Boote gebaut. Beim Törn unter dem klassischen Dreieckssegel entlang der Westküste Mauis lassen sich so ohne Motorlärm die Reisen der alten Hawaiianer nachempfinden. Zwischendurch wird geschnorchelt, und mit Glück kommen Wale vorbei.

KAUA'I

BEE WISE APIARY

6655 Kahuna Road, Kapa'a, Tel. 001-808/ 212 67 72, Reservierung nötig, 40 €
Nehmen Sie sich Zeit für die Biofarm und ihre tropischen Früchte. Besitzerin Andree Lecocq ist Biologin und hat mit viel Liebe einen botanischen Garten mit kaum bekannten exotischen Pflanzen angelegt, die fast alle essbar sind. →

Maui Sailing Canoe

Große Momente

Hawaii belohnt seine Besucher reich: mit Augenblicken, an die man sich Jahre später noch erinnern wird. Elf Vorschläge, wie Sie zu einer Gänsehaut kommen

Kaua'is wilde Küste aus der Luft

Stoppen Sie nach der Ankunft die Zeit, bis Sie sich in Hawaii verliebt haben. Es wird nicht lange dauern. Der erste Mai Tai am Meer, ein erstes Bad unter einem Wasserfall – und Sie fühlen sich angekommen wie in einer lang gesuchten Heimat. Eine großartige Wolkenstimmung kann dieses Gefühl auslösen, ein Erlebnis unter Wasser oder der intensive Duft einer tropischen Frucht. Seit die ersten Seefahrer die abgelegenen Inseln im Pazifik betraten, wirkt dieser Zauber Hawaiis. Hier Vorschläge, wie und wo das mit dem Verlieben in die Inseln besonders gut klappen kann:

O'AHU

WAIKIKI SUNSET

Halekulani, 2199 Kalia Road, halekulani.com, oder Moana Surfrider, 2365 Kalakaua Avenue, moana-surfrider.com, beide Honolulu

Für den ersten Abend in Hawaii müssen Sie zum Sonnenuntergang auf die Strandterrasse des eleganten Halekulani Hotel. Der Mai Tai, ein Rum-Cocktail, ist hier legendär, und eine ehemalige „Miss Hawaii" tanzt Hula vor der Meer-Kulisse. Lieber legerer nach dem Flug? Dann einige Häuser weiter östlich zur Terrasse des Moana Surfrider. Auch hier gibt's Hula.

MAUI

CHARLES LINDBERGHS GRAB

Kipahulu

Am schlichten Grab von Charles Lindbergh vor der Palapala Ho'omau Church ist zu erahnen, was Menschen wie den legendären Transatlantik-Piloten nach Hawaii zog und zieht. Still ist es und warm, das Unterholz duftet nach reifen Guaven, und in der Ferne rauscht das Meer. Gehen Sie unterhalb der Kirche über die Wiese bis zum Steilabbruch – zum Staunen. Tipp: Frisches „Chicken Curry" vom Thai-Stand am Highway gegenüber der Kirche mitbringen und picknicken.

PARADIESISCHER LUXUS

Travaasa Hana, 5031 Hana Highway, Hana, Tel. 001-808/359 24 01, travaasa.com, DZ ab 300 €

Eine Scheidung wäre zu erwägen, nur um hier noch einmal Flitterwochen verbringen zu können. Eines der exklusivsten Hotels Hawaiis, 1947 erbaut, liegt am stillen Ostende von Maui: schlichte hölzerne Bungalows mit großen Veranden, verstreut in einer weitläufigen Parkanlage am Meer. Als Gast wird man auch im umliegenden Dorf Hana herzlich aufgenommen, aus dem fast alle Angestellten kommen.

WHALE WATCHING

Pacific Whale Foundation, 612 Front Street, Lahaina, Tel. 001-800/942 53 11, pacificwhale.org, ab 20 €

Mit lautem Swoosch! tauchen die Wale auf, ihre dunklen Rückenflossen gleiten durch die Wellen. Oder die Meeresriesen singen in sphärischen Klängen, die Unterwassermikros an Bord übertragen. Die Faszination der Tiere ist groß, und vor Maui lassen sie sich besonders gut beobachten. Buckelwale verbringen November/Dezember bis April in den warmen, seichten Gewässern hier, um ihre Jungen zur Welt zu bringen.

SONNENUNTERGANG AUF DEM VULKAN

Haleakala

Frühmorgens, hoch oben auf diesem Vulkankrater die Sonne aufgehen sehen – das wollen viele. Fast ebenso eindrucksvoll aber ist der *sunset*. Am kühlen Kraterand sind Sie oft schon über den Wolken, die dann von der Sonne gerötet um die Bergflanken wabern. Etwas später folgt ein superklarer Sternenhimmel. Danach in die Kula Lodge, 15200 Haleakala Highway Route 377, Tel. 001-808/878 15 35, kulalodge.com, wo es ordentliche Steaks gibt.

KAUA'I

HELIFLUG

Blue Hawaiian Helicopters, Lihu'e Airport, Tel. 001-808/245 58 00, bluehawaiian.com, 195 € für 55 Minuten

Die Piloten legen gern Wagners „Walkürenritt" oder den Soundtrack von „Star Wars" auf für den Flug über die Na-Pali-Klippen. Auf jeden Fall dramatisch, denn die Canyons und Steilküsten von Kaua'i sind die wildesten im ganzen Archipel. Hier lohnt ein Heliflug am meisten. Tipp für Fotofans, die ohne Tür fliegen wollen: Jack Harter Helicopters, helicopters-kauai.com, ca. 205 € für eine Stunde.

SECRET FALLS

Kayak Kaua'i, 3-5971 Kuhio Highway, Tel. 001-808/826 98 44, kayakkauai.com, Tour ab 50 €

Wirklich geheim sind die Secret Falls auf Kaua'i natürlich nicht, aber schon etwas abgelegen. Nur zwei Kilometer lang ist der Trail, der zu

Whale Watching vor Lahaina

Sunset auf dem Haleakala-Krater

ihnen führt, aber er hat es – oft schlammig und rutschig – in sich. Eine Tour am Wailua River führt mit Paddelfahrt zum rauschenden Wasserfall, an dem man gut baden kann. Wildnis für Dschungel-Neulinge.

HINDU-KLOSTER

107 Kaholalele Road, Kapa'a, Tel. 001-888/735 16 19, himalayanacademy.com, tägl. 9–12, Führung 9 Uhr

Hindus in Hawaii? Schon seit 1973 thront in den Hügeln an der Ostküste von Kaua'i ein Shiva-Tempel. Indische Kunsthandwerker bauen derzeit an einem noch größeren. Trotzdem lässt sich die meditative Ruhe im tropischen Garten der Klosteranlage genießen.

TERRASSE DES ST. REGIS

5520 Ka Haku Road, stregisprinceville.com

Ein Mai Tai oder ein Glas Champagner sind hier die richtigen Getränke für den Sonnenuntergang. Der Preis: Egal, denn das Panorama auf die zackige Silhouette der Na-Pali-Küste von der Terrasse des Luxushotels ist jeden Cent wert. Wirklich.

BIG ISLAND

TAUCHEN MIT MANTAROCHEN

Jack's Diving Locker, 75-5813 Alii Drive, Kailua-Kona, Tel. 001-808/ 329 75 85, jacksdivinglocker.com, Tauchtour 110 €, Schnorcheltour 75 €

Es ist wie eine außerirdische Erfahrung: Aus der nachtschwarzen Tiefe kommen gewaltige Schatten, wiegen sich in der Strömung, kreisen wie in einer Ballettaufführung. Im Licht der Taucherlampen scheinen ihre riesigen Mäuler auf, manche Mantarochen haben eine Spannweite von drei Metern. Jede Nacht kommen sie zur Kona-Küste und fressen Plankton. Nichttaucher können das Spektakel schnorchelnd verfolgen.

BLICK INS WELTALL

Mauna Kea Access Road, Visitor Center, tinyurl.com/ mk-observatorium, tgl. 9–22, Führungen Sa/So 13 Uhr

Einmal auf dem höchsten Berg der Erde stehen. Genau das geht auf dem Mauna Kea: Etwa 6000 Meter ragt er vom Meeresgrund auf, über Wasser sind es noch einmal 4205 Meter. Mit einem Allradwagen kommen Sie bis zum Gipfel, wo die futuristischen Kuppeln der Sternwarten stehen. Im Visitor Center auf 2800 Meter dürfen Sie mit kleineren Teleskopen selbst ins All schauen. →

Ein Bett im Palmenhain

Etliche Zuzügler haben sich in Hawaii mit viel Liebe ihr Traumdomizil erschaffen – und vermieten es. Aber es gibt auch coole Designhotels und verträumte Bed & Breakfasts

Ferienhäuser bieten homeaway.com und vrbo.com. Für die Reise auf mehrere Inseln eignen sich Hotels und B & Bs. Internationale Ketten wie Sheraton und Hilton bieten Unterkünfte, aber es gibt auch gute hawaiianische Alternativen: Outrigger-/Ohana-Hotels etwa, Castle, Aston und Aqua-Hotels. Hochsaison sind Weihnachten und Ostern. Deutlich günstiger werden Unterkünfte von Ostern bis Juni und von September bis Anfang Dezember. Es lohnt, dann nach Angeboten zu fragen.

O'AHU

1 PARADISE BAY RESORT

47-039 Lihikai Drive, Kane'ohe, Tel. 001-808/239 57 11, paradisebayresort.com, DZ ab 150 €
Die Alternative zum Trubel von Waikiki: eine verträumte, kleine Ferienanlage an der Ostküste von O'ahu mit frisch renovierten Apartments. Besonders: der von Palmen umrahmte Blick über die Kane'ohe-Bucht auf die Berge.

2 SHORELINE WAIKIKI

342 Seaside Avenue, Honolulu, Tel. 001-808/931 24 44, jdvhotels.com, DZ ab 100 €
Das einstige Crew-Hotel von United Airlines wurde im coolen Seventies-Design als Boutique-Hotel wiedergeboren. Ein Glas Eiswasser mit Gurkenscheibe beim Check-in, und Sie fühlen sich Aloha. Im Herzen von Waikiki, aber nur fünf Minuten vom Strand.

MAUI

3 CAMP OLOWALU

800 Olowalu Road, Lahaina, Tel. 001-808/661 43 03, campolowalu.com
Günstiger geht nicht: Für 12 Euro können Sie im Palmenhain am Strand südlich von Lahaina ein Zelt aufstellen oder für ein paar Euro mehr ein Stockbett bekommen. Küche und das Waschhaus werden gemeinsam genutzt – wie auch das Schnorchelriff direkt vor dem Camp, eines der schönsten auf Maui.

4 GINGERBREAD HOUSE

460 Kaluanui Road, Makawao, Tel. 001-808/573 77 00, airbnb.de/rooms/1796816, Haus ab 84 €
Im Häuschen von 1930 soll sich schon Jimi Hendrix gebettet haben. Kürzlich wurde generalrenoviert, sodass das Zedernholz noch betörend duftet. Nun vermietet Eve, eine Heilerin, die auch für spirituelles Wachstum sorgen kann. Rings ums Haus wachsen ganz irdisch Guaven, Mangos, Litschis – und man darf sich bedienen.

5 LUMERIA MAUI

1813 Baldwin Avenue, Makawao, Tel. 001-855/579 88 77, lumeriamaui.com, DZ ab 230 €
Meditationskurse, Entspannung am Pool mit Blick über die Nordküste – hier ist alles für den Anti-Stress-Urlaub bereitet. Gründer Xorin Balbes ist Architekt und hat dem ehemaligen Kurheim für Plantagenarbeiter eine Reinkarnation als Luxus-Retreat spendiert.

Holualoa Inn auf Big Island

Water Lily Cottage auf Maui

❻ MAUI ECO RETREAT
610 Huelo Road, Ha'iku, Tel. 001-808/ 572 60 06, mauiretreat.com, DZ ab 85 €
Kutira und Raphael lernten sich über ihre Liebe zur transzendentalen Musik kennen. Dann wurden sie ein Paar und bauten sich ein tibetisch inspiriertes Paradies auf einer Klippe hoch über dem Meer. Im Angebot: Meditation, Yoga, manchmal auch Wunder.

❼ COCONUT COTTAGE
Haumana Road, Ha'iku, Tel. 001-808/276 31 41, Buchung per E-Mail an: s.ronge@mac.com
Die deutsche Auswanderin Sabine Ronge vermietet zwei einfache, geschmackvoll eingerichtete Häuser im Tropenstil (ab 90 € pro Nacht) und ein kleines Studio (ab 60 €), ruhig und grün am Beginn der Straße nach Hana gelegen.

❽ WATER LILY COTTAGE
83 N Holokai Riad, Ha'iku, Tel. 001-808/ 572 78 78, airbnb.de/rooms/1110435, Haus ab 85 €
Eine Viertelstunde von Ho'okipa entfernt, führen Carine und Emmanuel, zwei für ihr Heimatland verlorene Franzosen, ein Cottage. Als professionelle Windsurfer sind beide sechs Monate im Jahr unterwegs. Dann wird vermietet. Vor der Veranda erstreckt sich der namensgebende Seerosenteich, in dem Kröten gern Quakkonzerte geben.

MOLOKA'I

❾ PU'UNANA BEACHFRONT COTTAGE
9750 Kamehameha Highway, Kaunakakai, Tel. 001-800/673 05 20, molokai-beachfront-cottages.com/puunana.php, Haus ab 142 €
Das Grüne Haus steht mit seinen Stützpfosten fast in den Wellen, hier wird die Brandung zum Soundtrack in der Nacht. Meerluft würzt den Tag. Und Veranda sowie die Bank neben der Palme sind wahre Logenplätze – von Dezember bis April kommen die Hauptdarsteller vorbei: Wale.

KAUA'I

❿ KO'A KEA
2251 Poi'pu Road, Koloa, Tel. 001-808/ 828 88 88, koakea.com, DZ ab 265 €
Ko'a Kea bedeutet: weiße Korallen – ein Symbol für Neugeburt. Chris Steuri, der Schweizer Gastgeber, tut alles dafür, dass in seinem Luxushotel eine solche möglich wird. Beste Lage am Poi'pu Beach.

⓫ ROSEWOOD B&B
872 Kamalu Road, Kapa'a, Tel. 001-808/ 822 52 16, rosewoodkauai.com, DZ ab 95 €
Rosalyn und Norbert, beide aus Texas, widmen sich mit Hingabe ihren Gästen. Zur Wahl stellen sie picobello saubere Zimmer, Apartments und Ferienhäuser, die zu den schönsten auf Kaua'i gehören.

BIG ISLAND

⓬ HALE MOANA B&B
13-3315 Makama'e Street, Pahoa, Tel. 001-808/ 965 70 15, bnb-aloha.com/de, DZ ab 85 €
Petra Wiesenbauer aus Augsburg vermietet vier Zimmer in ihrem weitläufigen Haus am Fuße des Vulkans und gibt die Liebe zu ihrer neuen Heimat gern weiter. Zum Meer und zur Lava ist es nicht weit.

⓭ HOLUALOA INN
76-5932 Mamalahoa Highway, Holualoa, Tel. 001-808/324 11 21, holualoainn.com, DZ ab 265 €
An den Hängen des Vulkans Hualalai thront dieses B&B – inmitten von über 5000 Kaffeepflanzen. Nicht nur Flitterwöchler wähnen sich hier im siebten Himmel. Zum Frühstück gibt es Passionsfrüchte, Papayas und vom Pool den Panoramablick auf die Unendlichkeit des Pazifik. Früh buchen.

⓮ KING KAMEHAMEHA'S KONA BEACH HOTEL
75-5660 Palani Road, Kailua-Kona, Tel. 001-808/ 329 29 11, konabeachhotel.com, DZ ab 135 €
Okay, es ist ein Hotel der Marriott-Kette, aber das „King Kam" trumpft auf mit der besten Lage in Kailua-Kona auf Big Island. Allein die Frühstücksterrasse! Mit Blick auf König Kamehamehas Tempel und das Meer.

⓯ KIPUKA COTTAGE
Nahelenani Street, Volcano, kipukacottage.com, DZ 125 €
Es ist leicht, sich in dieses Holzhaus zu verlieben: Umrankt von Riesenfarnen, umwabert von Nebel, steht es in kühler Höhe am Rand des Volcanoes National Park. Der Reiseschriftsteller Bill Harby und seine Frau Marie-France sind viel auf Reisen – gut für Besucher, die das Haus dann mieten können.

⓰ VOLCANO HOUSE
1 Crater Rim Drive, Volcanoes National Park, Tel. 001-808/756 96 25, hawaiivolcanohouse.com, DZ ab 195 €, Blockhütten für 60 €
Luxus der Natur: Abends glüht der Krater vor dem Zimmer in sattem Orange, morgens steigen Nebel aus der Tiefe auf.

Gingerbread House auf Maui

Bunte Teller

Jede Welle von Einwanderern hat ihre Küche mitgebracht. Junge Köche kombinieren heute Portugiesisch mit Polynesisch. Oder Französisch mit Thai. Und setzen bei den Zutaten ganz auf Bio

The Pig and the Lady

Einst wurden nur Ananas und Zuckerrohr auf Hawaii angebaut, fast alles andere kam vom Festland. Jetzt gibt es unzählige kleine Farmen und Plantagen, auf denen hochwertige Gemüse- und Obstarten wachsen, Gewürze und Kräuter – immer in bester Bio-Qualität. Auf dem fruchtbaren Lavaboden gedeihen feiner Kakao, Kaffee, Vanille und Guaven ebenso wie wunderbar cremige Avocados und süße Zwiebeln. Die Rancher von Maui und Big Island züchten Bio-Rinder, Aquafarmer knackigen Meeresspargel und Garnelen. Die reiche Auswahl kommt den Gourmetlokalen ebenso zugute wie den vielen Ethnorestaurants, den Japanern, Mexikanern und Italienern. Denn Hawaiis kulinarische Stärke liegt in der Vielfalt der Einwandererküchen.

O'AHU

THE PIG AND THE LADY

83 N King Street, Honolulu, Tel. 001-808/5858255, thepigandthelady.com, 6–20 €
Die Eltern von Andrew Le kamen als Kriegsflüchtlinge aus Saigon. Ihr Sohn ist heute einer der Jungstars der Food-Szene von Hawaii – und sein Lokal im Industrie-Look die heiße Adresse von Chinatown. Unbedingt zum Lunch probieren: das „Le Saigon Banh Mi"-Sandwich mit kross gebratenem Schweinebauch, dazu Ingwer-Bier.

DORAKU KAKA'AKO

1009 Kapiolani Boulevard, Honolulu, Tel. 001-808/5910101, dorakusushi.com, 10–30 €
Kevin Aoki zeigt, dass japanische Küche modern und kreativ sein kann. Die schicke junge Szene in Honolulu dankt es ihm. Eine Sushirolle mit Spargel, feinem Steakfleisch und Chimichurri-Soße gefällig?

LEONARD'S

933 Kapahulu Avenue, Honolulu, leonardshawaii.com
Malasadas sind portugiesische Berliner, Krapfen mit süßer Glasur. Und man holt sie seit 1952 bei Leonard's am Rand von Waikiki – täglich ab halb sechs morgens.

MARUKAME UDON

2310 Kuhio Avenue, Honolulu, rund 8 €
Egal ob mittags oder abends, die Schlange vor dieser ultragünstigen Nudel-Cafeteria reicht stets weit den Bürgersteig entlang. Stellen Sie sich dennoch an: Die dicken Udon-Nudeln in der Suppe sind locker-leicht, das Karaage-Fleisch ist knusprig, nicht fettig.

YATAIMURA FOOD COURT

Shirokiya Store, 1450 Ala Moana Boulevard, Honolulu, shirokiya.com
Tokio kann nicht anders sein: Dutzende kleine Food-Theken locken im Obergeschoss dieses Asien-Kaufhauses im Ala Moana Center mit Sushi, Donburi und anderen japanischen Delikatessen. Lassen Sie sich nieder im von Blütenzweigen geschmückten Biergarten inmitten des Gewusels.

MAUI

STAR NOODLE

286 Kupuohi Street, Lahaina, Tel. 001-808/6675400, starnoodle.com, 6–12 €
Sie werden die Suche nach diesem Asia-Bistro im Industrieviertel von Lahaina nicht bereuen: Die stylisch und modern zubereiteten japanischen, philippinischen, vietnamesischen Gerichte schmecken großartig.

HONU

1295 Front Street, Lahaina, Tel. 001-808/6679390, honumaui.com, 13–25 €
Ein angenehmes, wenig touristisches Plätzchen zum Lunch oder für ein romantisches Dinner direkt am Meer. Auf der Karte stehen frischer hawaiianischer Fisch oder dünne Pizza mit Pilzen und Trüffelkäse.

KO

4100 Wailea Alanui Drive, Wailea, Tel. 001-808/8752210, korestaurant.com, 17–38 €
Ko heißt Zuckerrohr auf Hawaiianisch. Tylun Pang lässt sich von Gerichten der Plantagenarbeiter inspirieren und verfeinert sie in seinem Edelrestaurant im Fairmont Kea Lani.

Doraku Kaka'ako

Heraus kommt dabei etwa „Lamm in Kokosmilch mit Mango-Minz-Salsa" – hawaiianische Gourmetkost.

MANA FOODS

49 Baldwin Avenue, Pa'ia, manafoods maui.com, tägl. 8–20.30 Uhr
Der beste Verpflegungsstopp fürs Picknick bei den Surfern von Ho'okipa: ein großer, herrlich altmodischer Bioladen mit Hippie-Feeling. Bis zu acht Köche bestücken die Deli-Theke, pürieren Säfte, kochen Kokos-Chili, schnippeln Salat.

ULULANI'S

61 S Kihei Road, Kihei, und andere Filialen, ululanisshaveice.com, 3–6 €
„Shave Ice" gehört zu Hawaii wie der Crêpe zu Frankreich. Jede Insel hat ihre Topläden, und einmal müssen Sie es probieren, auch wenn der mit Sirup getränkte Eisschnee jeden Zahnarzt zum Weinen bringt. Am besten schmecken Passionsfrucht, Mango und Li Hing Mui (getrocknete chinesische Pflaume). Auf Wunsch gibt's den tropfenden Eisberg mit echter Eiscreme als Basis oder süßem Rahm obendrauf.

KAUA'I

CAFFE COCO

4-369 Kuhio Highway, Kapa'a, Tel. 001-808/ 822 79 90, caffecocokauai.com, 12–23 €
Fast jeden Abend spielt – mal besser, mal schlechter – eine lokale Band auf der Terrasse dieses legeren Dinnerlokals. Tropisch-bunt ist das Ambiente, gekocht wird quer durch die Kontinente, auf Wunsch auch vegan und glutenfrei.

THE GARDEN CAFE AT COMMON GROUND

4900 Kuawa Road, Kilauea, Tel. 001-808/ 977 83 71, cgkauai.net, 8–12 €
Alles bio, alles gut: Zum Frühstück und Lunch sitzt man tropisch umgrünt mitten auf einer experimentellen Öko-Farm und speist großartige Salate, Wraps und Burritos. Danach darf man die nachhaltig bewirtschafteten Felder inspizieren.

KAPA'A CREAMERY

4-1638 Kuhio Highway, Kapa'a, 3 € pro Kugel
Der Trend zu Foodtrucks mit leckeren, frischen Gerichten hat auch Hawaii erreicht. Am Nordende von Kapa'a stehen meist acht bis zehn Trucks auf den Parkplätzen entlang des neuen Radweges. Die Creamery bietet feines, selbst gemachtes Eis (Schoko-Kokos!), nebenan werden griechisches Gyros und mexikanische Tacos gereicht.

BIG ISLAND

L & L HAWAIIAN BARBECUE

Lanihau Shopping Center, 75-5595 Palani Road, Kailua-Kona, und andere Filialen, hawaiianbarbecue.com, 6–12 €
Was für den schnellen Hunger? Hawaiianisches Fast Food füllt das Kaloriendefizit schnell auf. Die traditionelle, deftige Kost der Plantagenarbeiter erlebt gerade eine Renaissance in Fast-Food-Ketten wie L & L. Probieren sollten

Caffe Coco

Sie unbedingt Klassiker wie rauchiges „Kalua pork", das Schwein aus dem Erdofen, mit Weißkohl.

ISLAND BREEZE LU'AU

75-5660 Palani Road, Kailua-Kona, Tel. 001-866/482 97 75, islandbreezeluau.com, 65 €
Touristisch ist ein Lu'au, ein traditionelles hawaiianisches Festmahl, heute immer. Und immer gehören „Kalua pork", ein großes Buffet und eine Hula-Show dazu. Das Plus bei Island Breeze Lu'au: Sie speisen auf historischem Boden vor dem Tempel Kamehamehas, des ersten Königs von Hawaii.

Karl Teuschl, 59, kennt die Inseln von zahlreichen Aufenthalten über die vergangenen 25 Jahre. Der bewährte GEO-Autor hat die aktuellen Hawaii-Reiseführer für Marco Polo und Vista Point geschrieben und Dokumentarfilme über den Archipel gedreht.

Kleine Tupfer im Pazifik

Die sechs touristisch erschlossenen Hauptinseln plus Ni'ihau – in Privatbesitz – und Kaho'olawe – einst Schießplatz der US Navy und noch nicht vollständig geräumt

Big Island (Hawai'i)
Eleele unter 1000 Einwohner
Hanapepe 1000 bis 10000 Einwohner
Wailuku 10000 bis 50000 Einwohner
Honolulu über 100 000 Einwohner
Hauptstraßen
Nebenstraßen
Nationalpark
'Alenuihaha-Kanal
'Upolu Point
Hawi
Kapa'au
Niuli'i
Mahukona
Pololu Valley Awini Trail
Kohala Mountains
Waipio Bay
Hamakua-Küste
Mala'e Point
270
Kukuihaele
Kawaihae
19
Honoka'a
Pa'auilo
O'okala
Pu'ukohola Heiau
Waimea
Laupahoehoe Point Park
Laupahoehoe
Puako
Kamakoa Gulch
Papa'aloa
Maulua Bay
Puako Petroglyph Archaeological Preserve
Waikoloa
World Botanical Gardens
Hakalau
Kiholo Bay
International Astronomical Observatory Complex
Honomu
Blick ins Weltall
190
Mauna Kea 4205 m
Kolekole Stream
Hula lebt
Seite 118–123
Mamalahoa Highway
Papa'ikou
Kona International Airport
Hilo Bay
Leleiwi Point
Wailuku River
Hilo
Hilo International Airport
Honokohau Bay
Saddle Road
'Ahu'ena-Tempel
Kailua-Kona
14
Tauchen mit Mantarochen
13
Holualoa
Kea'au
Kaloli Point
Kamoa Point
Kurtistown
Keauhou
Nanawale Bay
Honalo
Northeast Rift Zone
Mountain View
Kealakekua
Captain Cook
Mauna Loa 4170 m
Hawai'i Volcanoes National Park
Akazuki Orchid Gardens
Pahoa
12
Pu'ala'a
Kealakekua Bay
Ahalanui Park
16
Volcano
15
130
137
Kealia
Kilauea
Kilauea Iki Trail
Ho'okena Beach
11
Southeast Rift Zone
Chain of Craters Road
Kalapana
Puna-Küste
Ka'u Loa Point
Hawai'i Volcanoes National Park
'Apua Point
Die Dauerbrenner
Seite 80–86
Papa
Miloli'i
Pahala
Ocean View
Wai'ohino
Na'alehu
Kauna Point
Pohue Bay
Ka'alu'alu Bay
Ka Lae (South Point)
10 km
Sehenswürdigkeiten
Trails
Seite 79
Service
Große Momente
Seite 138–139
Service
Ein Bett im Palmenhain
Seite 140–141
1 Paradise Bay Resort
2 Shoreline Waikiki
3 Camp Olowalu
4 Gingerbread House
5 Lumeria Maui
6 Maui Eco Retreat
7 Coconut Cottage
8 Water Lily Cottage
9 Pu'unana Beachfront Cottage
10 Ko'a Kea
11 Rosewood B & B
12 Hale Moana B&B
13 Holualoa Inn
14 King Kamehameha's Kona Beach Hotel
15 Kipuka Cottage
16 Volcano House

GEO SPECIAL

Gruner + Jahr AG & Co KG, Druck- und Verlagshaus,
Am Baumwall 11, 20459 Hamburg.
Postanschrift für Verlag und Redaktion:
Brieffach 24, 20444 Hamburg,
Telefon: 040/3703-0, Fax: 040/37035648
E-Mail: briefe@geo.de, Internet: www.GEO.de

CHEFREDAKTEUR: Dr. Christoph Kucklick
GESCHÄFTSFÜHRENDE REDAKTEURE:
Meike Kirsch (Redaktionsleitung),
Ruth Eichhorn (Fotografie), Jutta Krüger (Art Direction)
ART-DIREKTORIN: Beate Meding
CHEFIN VOM DIENST: Antje Wischow
LEITUNG DIGITALE MAGAZINE UND SONDERPRODUKTE:
Rainer Droste, Johannes Kückens
TEXTREDAKTION: Florian Hanig (Redakteur dieser Ausgabe), Kirsten Bertrand, Ariel Hauptmeier
BILDREDAKTION: Markus Seewald (Bildredakteur dieser Ausgabe), Anja Jöckel, Kirstie Kinley;
freie Mitarbeit: Alina Emrich, Leonie Francke
VERIFIKATION: Andrea-Rebecca Flörke;
freie Mitarbeit: Tobias Hamelmann
KARTOGRAFIE: Stefanie Peters
SCHLUSSREDAKTION: Antje Wischow;
freie Mitarbeit: Olaf Stefanus
TEXTSEKRETARIAT: Frauke Körting, Elke Rehländer-Stöhr
BILDSEKRETARIAT: Doris Paulini
HONORARE/SPESEN: Angelika Györffy
BILDADMINISTRATION UND -TECHNIK: Stefan Bruhn;
freie Mitarbeit: John Greve
MITARBEITER DIESER AUSGABE: Yalda Franzen, Veronica Frenzel, Ole Häntzschel, Kristiana Kahakauwila, Michael Merten, Julia Klaustermeyer (App-Layout), Katharina von Ruschkowski, Elke Scheurich (App-Layout), Hilmar Schmundt, Jens Schröder, Ronald Strehl, Karl Teuschl, Mathias Unger, Markus Wolff

VERANTWORTLICH FÜR DEN REDAKTIONELLEN INHALT:
Dr. Christoph Kucklick

REDAKTIONSBÜRO NEW YORK: 535 Fifth Avenue, 29th floor, New York, NY 10017

VERLAGSGESCHÄFTSFÜHRER: Dr. Frank Stahmer
PUBLISHER: Alexander Schwerin
DIGITAL BUSINESS DIRECTOR: Daniela von Heyl
DIRECTOR BRAND SOLUTIONS: Anja Dreßler
VERTRIEBSLEITUNG: Torsten Koopmann/
DPV Deutscher Pressevertrieb
MARKETING: Sandra Meyer
HERSTELLUNG: G+J Herstellung, Heiko Belitz (Ltg.),
Oliver Fehling

VERANTWORTLICH FÜR DEN ANZEIGENTEIL: Anja Dreßler, G+J Media Sales, Am Baumwall 11, 20459 Hamburg. Es gilt die jeweils aktuelle Preisliste. Infos hierzu: www.gujmedia.de.
Bankverbindung: Deutsche Bank AG Hamburg,
IBAN: DE30 2007 0000 0032 2800 00, BIC: DEUTDEHH
Druck: Prinovis Ltd. & Co. KG – Betrieb Nürnberg

GEO ist auf Papier gedruckt, das aus einem Drittel – chlorfrei gebleichtem – Zellstoff, aus einem Drittel Durchforstungsholz und einem Drittel Altpapier hergestellt ist. Printed in Germany

GEO Special (USPS no 0014523) is published bi-monthly by GRUNER + JAHR AG & CO. Subscription price for USA is $ 60 per annum. K.O.P.: German Language Pub., 153 S Dean St, Englewood NJ 07631. Periodicals postage is paid at Paramus NJ 07652. Postmaster: Send address changes to: GEO Special, GLP, PO Box 9868, Englewood NJ 07631

GEO-SPECIAL-LESERSERVICE

FRAGEN AN DIE REDAKTION
Telefon: 040/37 03 20 73, Fax: 040/37 03 56 48
E-Mail: briefe@geo.de

ABONNEMENT- UND EINZELHEFT-BESTELLUNG

KUNDENSERVICE UND BESTELLUNG
Anschrift: GEO-Kundenservice, 20080 Hamburg
E-Mail: geospecial-service@guj.de
www.GEO.de/kundenservice
Kundenservice allgemein (persönlich erreichbar):
Mo–Fr 7.30–20 Uhr, Sa 9–14 Uhr
Telefon (innerhalb Deutschlands): 040/55 55 89 90,
Telefon (außerhalb Deutschlands): +49-40/55 55 89 90,
Fax: 0049-1805/86 18 002*

PREISE JAHRESABONNEMENT
Deutschland: 45,00 € / Österreich: 51,60 € / Schweiz: 81,60 sfr

BESTELLADRESSEN FÜR GEO-BÜCHER, GEO-KALENDER, SCHUBER ETC.
Anschrift: GEO-Versand-Service, 74569 Blaufelden,
Hotline-Telefon: 040/42236427, Hotline-Fax: 040/42236663
E-Mail: guj@sigloch.de

ISBN 978-3-652-00305-6
ISBN 978-3-652-00395-7 (Heft mit DVD) ISSN 0723-5194

*14 Cent/Min. aus dem deutschen Festnetz,
max. 42 Cent/Min. aus dem deutschen Mobilfunk

Südafrika

Land im Umbruch, Heimat der Rainbow-Nation, großartige Naturkulisse für den Auftritt der „Big Five" – wo Leoparden springen, Elefanten baden und Löwen brüllen. Ein GEO Special, das nicht schwarz und weiß malt, sondern genau 20 Jahre nach Ende des Apartheid-Regimes eine behutsame Bestandsaufnahme des Sehnsuchtsziels am Kap liefert. **NATIONALPARKS** Warum es nicht immer Krüger sein muss. **SAFARI-LODGES** Bezahlbare Camps mit Millionen Sternen. **KAPSTADT** Gute Gründe für die Welthauptstadt des Designs. **JOHANNESBURG** Leben im berüchtigten Ponte-City-Tower. **WILDERER** Die unglaubliche Geschichte eines mutigen Aussteigers. **SERVICE** Idealroute durchs Land

2 | 2014

3 | 2014

4 | 2014

Die zuletzt erschienenen Ausgaben

Die folgenden Ausgaben

Griechenland
London
München & Umland

Wie lebt es sich eigentlich als

Ururenkel von Königin Ka'ahumanu

Laki Pomaikai Ka'ahumanu, 64, traut Brautpaare nach hawaiianischem Brauch. Davor hat er mit Kokain gedealt

Pastor Laki, wie viele Menschen haben Sie schon getraut?
Mehr als 10 000 Paare. Die meisten hier in Hawaii, aber auch in Kalifornien. Und Las Vegas. Ein Paar hat mich sogar nach Paris einfliegen lassen. Das mach ich aber nicht mehr. Auch nicht für viel Geld. Das ist einfach zu weit.

Hilft Ihnen, dass Sie ein Großenkel der letzten Königin sind?
Ja, aber mehr noch hilft, dass ich in der Fernsehsendung „Modern Family" aufgetreten bin. Die Produzenten fanden, dass ich am hawaiianischsten von allen Priestern aussehe.

Muss man denn Mitglied der königlichen Familie sein, um Hochzeiten schließen zu dürfen. Oder Pastor?
Nein! Das kann jeder Hawaiianer machen. Du brauchst nur so ein Papier vom Amt und musst das Gelübde auf Hawaiianisch auswendig beherrschen. Mich hat damals, als ich aus dem Gefängnis kam, jemand gefragt, ob ich Lust dazu hätte. Für 100 Dollar die Stunde. 100 Dollar! Wer sagt da schon Nein?

Gefängnis? Waren Sie da Seelsorger?
Zunächst Häftling. Verurteilt zu 50 Jahren Maximalstrafe wegen Kokain-Handels. Ich war schon mal verurteilt worden, weil sie mich mit 800 Marihuana-Pflanzen erwischt hatten. Mit neun Jahren war ich bereits auf Droge und betrunken. Und nach meiner Zeit in Vietnam hab ich mich als Krimineller durchgeschlagen.

Als Großenkel der Königin? Das klingt wenig royal.
Wir waren bitterarm. Die Amerikaner haben uns doch alles genommen. Selbst das Meer haben sie leer gefischt und vergiftet. Mein Vater musste unser Haus mit Schnüren zusammenbinden, damit es nicht zusammenbrach. Gut ging es mir erst, nachdem ich Gott gefunden hatte. Im Gefängnis. Eingesperrt zu sein ist die Hölle. Also hab ich angefangen, die Bibel zu lesen, und einen Abschluss in Theologie gemacht. Nach 22 Monaten wurde ich entlassen – wegen guter Führung. Ein Wunder! Und das zweite war, dass ich ein Nachkomme der Königin bin! Das hab ich erst später erfahren, als ich meinen Namen ins Hawaiianische zurückübersetzt habe. Geboren wurde ich als Adrian Lucky Akima.

Was machen Sie mit dem Geld, das Sie mit den Hochzeiten verdienen?
Meine Frau und ich haben keine Kinder, aber wir haben 16 Waisen adoptiert. Und sechs Häuser gebaut, für Obdachlose und Leute, die aus dem Gefängnis kamen. Gott hat mich gerettet. Jetzt ist es an mir, etwas zurückzugeben.

Was unterscheidet eine hawaiianische Hochzeit denn von einer, sagen wir, in Las Vegas?
Die Zeremonie findet draußen statt, am Strand. Ich blase das Muschelhorn und singe alte hawaiianische Lieder. Die Sonne scheint. Das hat wirklich was.

Und wenn es regnet?
Vor zwei Wochen haben sie schon die Stühle reingetragen, weil es den ganzen Vormittag geschüttet hat. Aber ich hab der Hochzeitsveranstalterin gesagt „Don't worry!". Und dann hab ich gebetet. Als das Brautpaar aus dem Haus trat, riss die Wolkendecke auf und ein Sonnenstrahl fiel auf den Strand, genau dort, wo die Zeremonie stattfinden sollte. Ich hab das Paar unter einem Regenbogen getraut. Geht es besser?

Florian Hanig